다산의 공감 연습

일러두기

본서에서 한자는 인용문이 아닌 상태에서 뜻으로 풀이했을 경우 대괄호로, 독음했을 때나 고전 원문을 직접 인용한 경우 첨자로 표기했습니다.

정약용,
《논어》로
공감을
말하다

엄국화 지음

다산의 공감 연습

己所不欲 勿施於人

"내가 원하지 않는 것을 남에게 하지 말라." 함께 만드는 행복한 세상, 공감이 먼저다.

추천사

인간 성숙은 의존성, 독립성, 공존성, 인도성의 네 단계로 이어진다. 우리 사회는 이제 공존성의 단계로 나아가고 있다. 이에 우리에게 서로를 공감하고 더불어 공존하는 지혜가 필요하다. 여러 위대한 고전들 속에서 그런 지혜를 얻을 수 있다. 200여 년 전 정약용은 《논어》를 통해 공감이라는 키워드로 공존을 위한 영감의 샘물을 길어 냈다. 《다산의 공감연습》은 바로 이 부분에 주목하여 다산의 논어 읽기에서 뽑아 낸 공감의 지혜를 21세기의 맥락 속에 옮겨 놓았다. 공존은 우리 시대의 과제다. 공감이 없다면, 공존도 없다. 스티븐 코비도 강조했듯이 먼저 이해해야 이어서 이해시킬 수 있다. 이 책을 통해 공자와 다산이라는 두 거인의 어깨 위에서 공감의 가르침을 얻길 바란다. 우리 시대를 현명하게 살아가는 데 필요한 지혜의 정수가 바로 여기 있다.

김경섭 박사(한국의 리더십과 코칭 분야 개척자. 《성공하는 사람들의 7가지 습관》 번역자이자, 한국리더십센터 설립자)

작가의 말

이 책은 필자의 박사 학위 논문 〈정약용丁若鏞의 소사학昭事學에 대한 연구〉(2019)의 아이디어를 대중이 쉽게 접근할 수 있도록 새롭게 구성한 것이다. '소사학昭事學'이란 말 그대로 밝게[昭] 섬기는[事] 것에 관한 연구다. 정약용에게 소사昭事의 대상은 근본적으로 천주天主였다. 그러나 필자가 주목한 것은 '천주를 밝게 섬기는 것'을 '타인을 밝게 섬기는 것'으로 확장하고자 했던 정약용의 윤리학적 통찰이다. 타인을 섬기는 것, 달리 말해 타인을 사랑하는 것은 공감[恕]에서 시작한다.

학위 논문 3장에서 필자는 정약용이 제시한 공감을 폭넓게 다뤘다. 이 책에서는 특히 정약용이 공감과 관련하여 가장 많이 언급한 《논어論語》를 주요 텍스트로 삼았다. 물론 이전에도 《논어》에서 공감을 읽어 낸 경우가 없지는 않으나, 정약용은 공감에 큰 방점을 두었다. 본서는 바로 그 '정약용의 생각'을 중점적으로 다루었다. 특히 2부 '정약용, 공감을 말하다'에서는 정약용의 《논어고금주論語古今註》에 산발적으로 나타난 공감 중심의 해석들을 엮어서 정약용 사상의 핵심을 보여 주었다.

미움은 인간의 기본적인 감정이지만, 현재 우리가 사는 사회는 '혐오 사회'라고 불릴 정도로 그 감정이 극단화되었다. 이에 대한 해결책들이 여러 가지로 제시되지만, 필자는 《논어》에서 말하는 공감을 그 대안으로 제시하고자 한다. 정약용은 혐오의 심각성을 직접 경험했고, 그런 그가

《논어》를 해석하기 위해 '공감'에 주목했다는 사실은 큰 울림을 주기 때문이다.

학부 때부터 석사, 박사 과정까지 지도해 주시고 지금까지도 아버지처럼 사랑해 주시는 숭실대학교 철학과 명예교수 곽신환 선생님께 이 지면을 빌어 감사의 말씀을 드린다. 선생님께서는 석사 논문 주제로 다산역학茶山易學의 회悔 개념을 다루어 보라고 제안하셨고, 박사 논문에서는 주제를 더 확장해 소사昭事와 추서推恕를 통합적으로 연구할 수 있도록 이끌어 주셨다. 이 연구들이 본서의 중심축이자 집필의 원동력이 되었다.

코로나19 3차 대유행이 끝나갈 즈음에 이 책에 관심을 가지고 흔쾌히 출판을 결정해 주신 국민출판사 김영철 대표님께도 감사의 말씀을 드린다. 또한 국민출판사 가족분들의 성실한 작업으로 더욱 진선진미盡善盡美한 결과물이 나왔음에 더욱 감사드린다.

언제나 힘이 되어 주는 가족들, 특별히 딸 시형이에게 사랑한다는 말을 하고 싶다. 또한 누구보다 원고에 애정을 가지고 완성도를 높여 준 나의 동반자, 장세희 선생에게 고마움을 전한다.

2021년 10월 12일

여심재如心齋에서

목차

추천사 _5
작가의 말 _6
서문 _10

1부 공자, 공감을 말하다

1장 공감의 공부/학이시습지學而時習之 _17

2장 호모 엠파티쿠스(1)/기소불욕 물시어인己所不欲 勿施於人 _24

3장 군자의 그릇/군자불기君子不器 _30

4장 공감의 경제학/아애기예我愛其禮 _36

5장 욕망의 윤리학(1)/기욕립이립인己欲立而立人 _43

6장 욕망의 윤리학(2)/오역욕 무가저인吾亦欲 無加諸人 _49

7장 공감의 일관성(1)/일이관지一以貫之 _56

8장 분노와 과실/불천노 불이과不遷怒 不貳過 _63

9장 매너의 승리/극기복례克己復禮 _70

10장 호모 엠파티쿠스(2)/기소불욕 물시어인己所不欲 勿施於人 _78

2부 정약용, 공감을 말하다

11장 공감의 일관성(2)/오도일이관지吾道一以貫之 _87

12장 침묵하는 안연/회야불우回也不愚 _94

13장 침묵하는 중궁/옹야인이불영雍也仁而不佞 _100

14장 만물의 척도/능근취비能近取譬 _106

15장 공감의 정치학/선난이후획先難而後獲 _114

16장 공감의 윤리학/선사후득先事後得 _121

17장 산과 물/지자요수 인자요산知者樂水 仁者樂山 _126

18장 공감의 지식/지급지 인불능수지知及之 仁不能守之 _132

19장 호모 엠파티쿠스(3)/기소불욕 물시어인己所不欲 勿施於人 _139

20장 공감의 달인/달야자 질직이호의達也者 質直而好義 _144

21장 공감의 고전학/일자서야一者恕也 _150

22장 공감의 시학/인심단적기심여人心端的己心如 _155

3부 / 자공, 공감을 말하다

23장 공감의 힘/절차탁마切磋琢磨 _165

24장 공감과 혐오/군자역유오호君子亦有惡乎 _170

25장 공감대/향인개호지鄕人皆好之 _176

26장 부귀와 빈천/부여귀 시인지소욕야富與貴 是人之所欲也 _182

27장 공감의 시초/성여천도 불가득이문야性與天道 不可得而聞也 _188

28장 국민적 공감/민불신불립民不信不立 _194

29장 진정한 친구/충고이선도지忠告而善道之 _200

30장 불혹과 부동심/인자불우仁者不憂 _205

31장 적절한 공감/과유불급過猶不及 _212

32장 엔지니어의 디자이어/공욕선기사 선리기기工欲善其事 先利其器 _218

33장 공감과 수치심/행기유치行己有恥 _223

34장 공감과 《주역》/군자지과君子之過 _229

35장 침묵하는 우주/천하언재天何言哉 _235

36장 공감의 인문학/하학이상달下學而上達 _241

부록 1 《논어》와 자공 _247

부록 2 본문 인용 목록 _261

서문

《논어》〈위정爲政〉편 11장에 "온고지신溫故知新"이라는 유명한 사자성어가 있다. 보통 '옛것[故]을 익히면 새것[新]을 안다'라고 해석한다. 나의 스승께서는 '고故'에 대해서, 이것은 단순히 '예전 것', '오래된 것'이 아니라, 나와 연고緣故가 있는 과거의 것이라고 말씀하셨다. 이와 같이 '고'의 의미가 바뀌면, 뒤에 이어지는 '지신知新'의 의미도 달라진다. 새것을 아는 것이 아니라 '나에게 있던 지식이 새로워지는 것'이 된다.

본서는 스승께서 온고지신을 새롭게 해석하셨던 것을 본받아, 《논어》를 '공감'이라는 주제로 대중에게 새롭게 소개하고자 시도한다. 물론 《논어》에 공감이라는 단어가 명시되어 있지는 않다. 그러나 이 책에서는 '서恕'를 중심으로 《논어》의 수많은 문장들 가운데 공감으로 해석할 수 있는 구절들을 소개하고, 보다 확장된 해석을 제시했다. 그리고 이러한 《논어》해석의 새로운 관점은 정약용이 먼저 제안한 것이다.

정약용丁若鏞, 1762~1836은 유배지에서 18년 동안 500여 권의 책을 저술했다. 그중 《논어고금주》라는 책은 제목에서 짐작할 수 있듯이 《논어》에 대한 오래된 주석[古註]부터 (그 당시) 최신 주석[今註]까지 총망라하여 원문을 비판적으로 해석하고, 더 나아가 자신의 주장을 소개한 《논어》 해설서다. 원래 조선 시대 유학자들에게 《논어》 해설서의 기준은 주자朱子, 1130~1200의

《논어집주論語集註》였다. 지금까지도 우리에게 가장 익숙한 해설은 대부분 《논어집주》를 기반으로 한 것이다.

최근에는 일본 학자 오규 소라이荻生徂徠, 1666~1728의 《논어징論語徵》도 주목받고 있는데, 학자들뿐 아니라 일반인들도 관심을 가질 정도다. 그 이유는 바로 그 책이 정약용의 《논어고금주》에 영향을 미쳤다고 알려졌기 때문이다. 이 관심은 《논어집주》 일변도의 해설에서 벗어나, 좀 더 다양한 관점으로 《논어》를 읽고자 하는 사람들이 많다는 것을 보여 주는 증거이기도 하다. 이처럼 《논어》에 대한 한국인의 관심은 매우 특별하다. 그래서 다양한 해설서를 찾는 독자들의 요구에 호응하여 많은 《논어》 해설서들이 출판되었다. 그런데 의아한 것은 아직까지도 정약용의 《논어고금주》를 근간으로 삼은 《논어》 해설서가 발간된 적이 없다는 사실이다.

사암 출판사에서 출간한 《역주 논어고금주》(2010)는 이지형 선생의 번역으로 출간되었다. 《논어》 전체에 대한 해설서다 보니 분량도 총 5권이나 된다. 번역의 수준이 높아 학술적으로 매우 가치가 있지만 일반인이 읽기에는 난도가 있는 책이다. 그래서 정약용 연구자들은 《논어고금주》를 일반인들도 접할 수 있는 방법을 고민해야 했다. 그러나 이를 인문교양서 수준으로 재가공하는 것은 결코 쉬운 일이 아니다. 《논어고금주》 자체가 학술적 성격이 매우 강한 책이라 대중을 상대로 하는 글로 다듬으려면 품이 굉장히 많이 들기 때문이다. 무엇보다 《논어》를 비롯한 동양의 주석註釋 전통에 대한 이해가 없는 사람이 소화하기에는 분량이 너무 많다. 게다가 고전이 대체로 그러하듯, 공자의 《논어》 역시 주제별로 일목요연하게 정리되지 않았다. 배경지식이 없으면 그저 산만하고 난해한 책으로 보일 수밖에 없다.

이러한 문제점들을 해결하기 위해 필자는 《논어》의 모든 것을 다루려는 욕심을 버리고, 《논어》를 공감이라는 한 가지 주제로 재구성했다. 언급했듯이 이것은 필자가 임의로 정한 것이 아니다. 이미 정약용이 《논어고금주》에서 '공감[恕]'과 관련된 해석에 유독 공을 들였기 때문이다. 정약용은 《논어》를 비롯한 사서四書가 '서' 한 글자에 대한 해설서에 불과하다고까지 말했다. 그리고 사서들 가운데 《논어》를 풀이할 때는 유독 서恕를 가장 많이 언급했다. 이상이 이 책의 제목에 '정약용'과 《논어》, '공감'이 들어간 이유다.

본서는 3부로 구성했다. '공자, 공감을 말하다'라는 제목으로 시작된 1부에서는 《논어》에 나타난 공감에 대해 살핀다. "내가 받고자 하는 대로 남을 대접하라"라는 서양의 황금률과 유사한 "기소불욕 물시어인己所不欲 勿施於人"을 중심으로 서와 관련된 문장들을 소개했다. 특히 공자에게 '서恕'를 직접 전수받은 제자인 자공子貢과 더불어 공자가 주요 제자들과 나눈 대화 속에서 서의 의미를 찾아보았다.

2부 '정약용, 공감을 말하다'에서는 그야말로 이 책의 핵심이라 할 수 있는 정약용의 《논어고금주》 속 공감[恕]을 다룬다. 2부에서 정약용이 다른 학자들과 달리 서恕를 특히 강조했다는 사실을 알 수 있는데, 가장 주목할 것은 정약용이 서를 "기지소욕 선시어인己之所欲 先施於人"이라고 정의한 것이다. 이러한 해석은 서양에서 건너온 기독교의 영향을 받은 것이다. 이와 관련된 내용을 해당 부에서 자세히 소개했다.

마지막 3부 '자공, 공감을 말하다'에서는 자공과 공자의 대화 또는 자공의 어록을 다루었다. 성리학자들이 보기에는 자공보다 증자曾子가 학술적으로 훨씬 중요한 제자였다. 그래서 증자를 중심으로 한 공맹孔孟 유학 정통성[道統]을 확립했다. 그러나 이 책은 이러한 관점을 따르지 않고, 자공을 중심으로 《논어》를 보고자 한다. 이는 《논어》를 만들 때 자공이 물심양면으로 후원하며 주도적 역할을 했다는 신빙성 높은 주장 때문이기도 하지만, 무엇보다 공자가 자공에게 직접 '서恕'를 전수하면서 "기소불욕 물시어인"이라는 구체적인 설명을 해 주었기 때문이다. 또한 자공은 상인 출신이기 때문에 서의 현대적 의미를 발견하는 데 적합한 인물이기도 하다. 그래서 자공과 관련된 모든 《논어》의 문장을 살피고 그 안에 나타난 공감의 의미를 현대적으로 재해석하고자 시도했다.

마지막으로 이 책에서 《논어》의 한글 번역 문장들은 현암玄庵 이을호李乙浩, 1910~1998의 《한글 논어》를 인용했음을 밝힌다. 《한글 논어》는 현대어로 번역한 최초의 《논어》 번역서다. 이전 《논어집주》 중심의 번역서들에서 주로 사용했던 방식인 한자 용어들을 그대로 사용하고 한글로 토를 달았던 형식에서 벗어나, 순우리말로 《논어》 번역을 처음으로 시도한 책이기 때문에 《논어》 해석사에서 매우 상징적인 책이다. 그리고 필자는 정약용 연구자로서 다산학의 선구자인 이을호 선생에 대한 존경과 애정의 마음으로 《한글 논어》의 번역을 활용하였다.

제1부

공자, 공감을 말하다

1

공감의 공부
학이시습지 學而時習之

"대학생 때 죄를 지어 대학원에 왔다."

대학원생들이 흔히 하는 농담이다. 학업은 대학생 '때[時]'까지의 일이고, 대학교를 졸업하면 취업을 하는 것이 마땅하다는 사회통념에서 비롯된 자조 섞인 말이다. 그런데 과연 이 말처럼 배움에는 시기가 정해져 있는 것일까?

> 배우는 족족 내 것을 만들면 기쁘지 않을까!
> 學而時習之。不亦說乎。
> 〈학이學而〉 1장

"배우는 족족 내 것을 만들면 기쁘지 않을까學而時習之 不亦說乎"라는 문장은 《논어》의 첫 번째 문장인 동시에 가장 유명한 구절이기도 하다. 생육신生六臣 중 한 사람인 매월당梅月堂 김시습金時習, 1435~1493의 이름이 바로 이 구절에서 비롯되었고, 우리가 흔히 쓰는 학습이라는 단어도 이 문장에 나오는 학學

과 습^習이라는 글자를 따서 만든 것이다.

학^學은 《논어》에서 가장 중요한 단어 중 하나다. 그 이유는 성인^{聖人}이 타고나는 것이라는 기존의 관념을 무너뜨렸기 때문이다. 《노자^{老子}》와 함께 도가^{道家} 사상을 대표하는 《장자^{莊子}》에서는 공자의 학문을 내성외왕^{內聖外王}의 학문이라고 평했다. 내적으로는 성인을 추구하고, 외적으로는 제왕을 추구한다는 의미다. 공자가 새롭게 세운 학의 개념 덕에 성인은 누구나 될 수 있는 존재가 되었다. 하지만 제왕은 아무나 될 수 있는 것이 아니지 않느냐고 반문할 수도 있다. 본래 제왕이 되려면 왕족의 혈통을 타고나야 하기 때문이다. 그러나 공자가 살던 춘추전국 시대는 신분제가 동요하던 시기였고, 그래서 제후는 물론 대부도 왕이 될 수 있었다. 공자의 학문을 내성외왕이라고 정의할 수 있는 이유가 바로 여기 있다.

그러나 공자는 스스로 왕이 되려고 하지는 않았다. 다만 왕을 보필하여 좋은 나라를 세우는 정치인이 되려고 했다. 성인이라고 하면 세속을 떠난 '초월적 인간[超人]'처럼 보이지만, 유가^{儒家} 전통에서 성인은 현실 세계에서 좋은 정치를 구현하는 사람을 지칭하는 것이었다. 그래서 모든 성인이 왕이 되어야 하는 것은 아니지만, 왕은 반드시 성인이 되어야 했다. 이황^{李滉,} ^{1501~1570}의 《성학십도^{聖學十圖}》*나 이이^{李珥, 1536~1584}의 《성학집요^{聖學輯要}》**에 성인이

---

* 퇴계가 1568년(선조 1년)에 성리학의 주요 사상을 나타내는 열 개의 그림을 정리한 것인데, 특히 첫 번째 〈태극도太極圖〉와 여섯 번째 〈심통성정도心統性情圖〉가 중요하다. 퇴계의 독창적인 사상보다는 중국 성리학에 대한 그의 깊은 이해가 드러난다.

** 퇴계의 《성학십도》와 더불어 초기 조선 성리학의 대표작으로 여겨지지만 형식은 매우 다르다. 《성학십도》는 그림으로 성리학의 핵심사상을 요약했으나 《성학집요》는 제왕의 학습서인 《대학》의 확장판으로, 《대학》의 기본 구조에 역사적이고 철학적인 내용들을 보완했다.

되는 학문, 즉 성학聖學이 제목으로 붙은 것은 바로 이 때문이다. 그런데 왕들만 이 학문을 배우는 것은 아니었다. 유학자들 또한 모두 성인이 되는 것을 추구하며 평생 공부했는데, 그 목표를 달성하는 근간이 바로 학이다.

그렇다면 학學은 어떤 것일까? 우선 학이 사思와 대비된다는 데서 단서를 찾을 수 있다. 학은 '일방적으로' 지식을 받아들이는 것이고, 사는 '주체적으로' 사고하는 것을 이른다. 그렇다면 학을 단순 암기로 이해하면 되는 것일까? 현대와 마찬가지로 고대 교육에서도 배움과 사고는 병행되어야 한다고 강조했다. 배움의 주체와 방법에 있어 학은 사와 대비되는 말이지만 동시에 사를 포함하는 말이기도 하다. 따라서 공자가 제시한 학의 의미는 배우고 생각하는 것이라고 할 수 있다.

그러한 학을 실행하는 방법이 습習이다. 이 말은 요즘 유행하는 '스며든다'라는 표현과 같은 뜻이다. 습은 《논어》에 두 번 더 등장한다.

증자 : … 전수받았지만 익히지 않았는가?

曾子曰 … 傳不習乎.

〈학이〉 4장

첫 번째는 〈학이〉편 4장의 마지막 구절인 "전수받았지만 익히지 않았는가?傳不習乎"다. 이 구절이 다루는 바는 양명학陽明學의 핵심개념 중 지식과 행동의 일치를 의미하는 '지행합일知行合一'과 같다. 그래서 양명학의 창시자 왕수인王守仁, 1472~1528의 어록에는 습이 들어간 제목, 《전습록傳習錄》이 달렸다.

공자 : 본성은 가까우나 습관에 의해 멀어진다.

子曰性相近也。習相遠也。

〈양화陽貨〉 2장

두 번째는 《논어》 〈양화〉편 2장에 나오는 "본성은 가까우나 습관에 의해 멀어진다性相近也 習相遠也"라는 문장이다. 사람들의 도덕적 본성[性]이 본래 동일한데도 현실에서 사람들끼리 행위에 차이가 나는 것은 바로 습관[習] 때문이라는 것이다. 이렇듯 습은 일반적으로 습관으로 풀이된다. 몸에 익숙해질 때까지 꾸준히 연습해야 얻어지는 결과가 바로 습관이기 때문이다. 그러한 습을 위해서는 시간[時]이 필요하다. 따라서 시습時習이란 말도 이러한 맥락에서 이해할 수 있다.

시습에 대해 주자학 전통의 해석에서는 "때마다 익히지 않음이 없음無時而不習"이라고 설명한다. 쉽게 말해 항상, 언제나 학습하는 것으로서, 지금의 평생 교육과 같은 개념으로 이해한 것이다.

다른 한편으로 시습을 '때에 맞게 익혀야 한다'라는 뜻으로 보기도 한다. 습뿐만 아니라 학습 자체를 때에 맞게 해야 한다는 주장으로, 이 또한 꽤 오랫동안 이어져 왔다. 학습을 좁게 해석해 어떤 전문적인 지식이나 기술을 배우고 익히는 것으로 국한한다면, 적정한 시기에 해야 할 것이다. 그러나 이 배움을 사람에 대한 이해나 세계에 대한 이해처럼 폭넓게 해석한다면 학습에 적합한 일정한 시기가 있다고 말하기 어렵다.

《논어》를 순우리말로 처음 번역한 현암 이을호 선생은 《한글 논어》에서

"학이시습지"를 "배우는 족족 내 것을 만들면"이라고 풀이했다. 이 문장은 때[時]를 강조한다기보다는 '배우는 모든 것을 놓치지 않고 습득한다'라는 의미로 다가온다.

그리고 정약용은 《논어》에 대한 자신의 해설서인 《논어고금주》에서 시습을 매우 구체적으로 논한다. 우선 "수시로 익히는 것[時時習之]"이라고 정의했다. 정약용의 《논어고금주》에서는 중국 남북조 시대의 경학자[經學者]인 황간[皇侃, 488~545]의 《논어의소[論語義疏]》를 자주 인용하는데, 황간은 시습을 중시[中時], 즉 시기에 맞추는 것이라고 설명했다. 이는 이 장을 시작할 때 언급한 대학원생 농담과 같은 관점에서 풀이한 것이라고 보면 된다. 결국 황간의 주장은 공부의 때가 정해져 있다는 것이다. 하지만 정약용은 황간의 이러한 주장을 반박하며 시습을 "날마다 익히는 것"이라고 했다. 더 나아가 학과 습을 구별하여 이렇게 말한다.

학[學]이란 알기 위한 것이며 습[習]이란 행하기 위한 것이니, '학이시습'은 지[知]와 행[行]이 함께 나아가는 것이다. 후세의 학은 배우기만 하고 익히지 않기 때문에 기쁠 수가 없는 것이다.

學所以知也。習所以行也。學而時習者。知行兼進也。後世之學。學而不習。所以無可悅也。

《논어고금주》

정약용의 철학을 행사[行事]의 철학이라고도 한다. 이론보다도 실천을 강조했기 때문이다. 여기서도 배우는 것[學]보다 익히는 것[習]을 강조하고 있다.

앞서 《논어》에서 학이 중요한 이유가 그 개념 덕분에 누구나 성인이 되는 길이 열렸기 때문이라고 했다. 하지만 성인은 책을 많이 읽거나 많이 배운다고 되는 것이 아니다. 배운 것을 '반복해서 실천함'으로써 그 경지에 이르는 것이다. 즉 현실 정치에 참여하여 백성들이 윤택한 삶을 살게 해 줄 때 비로소 성인이 된다고 할 수 있다.

물론 현시대의 우리가 《논어》를 읽으면서 이를 문자 그대로 받아들여 모두 정치인이 되는 것을 목표로 세울 필요는 없다. 공자나 정약용 시대의 《논어》는 사대부의 책이었다. 반면 현재 이 책을 읽는 우리는 개개인이 세분화되고 전문화된 역할을 감당하는 사회에 살고 있다. 정치란 국민들이 인간다운 삶을 영위하게 하고 상호 간의 이해를 조정하며 사회 질서를 바로잡는 일이다. 그러나 이는 비단 정치인들만의 일이 아니다. 우리 모두는 각자가 속해 있는 영역에서 다른 사람들에게 영향력을 미치기 때문에 나름의 정치활동을 하는 셈이다. 따라서 현대의 우리가 성인에 이르는 것은 더 나은 삶을 만드는 것이 무엇인지를 모두와 더불어 고민하는 데서 시작된다고 할 수 있다.

그렇다면 성인이 되기 위해서는 무엇을 배우고 무엇을 익혀야 하는 것일까? "학이시습지學而時習之"에서 지之는 '그것'을 지칭하는 지시대명사로 목적어 위치에 있다. 따라서 이 문장을 직역하면 '때때로 그것[之]을 배우고 익힌다'가 된다. 그런데 그것이 무엇인지는 맥락상 드러나 있지 않다. 공자가 그것을 확정하지 않았기 때문에 어떤 말이든 넣을 수 있을 것이다. 정약용의 《논어고금주》에서는 그 자리에 공감[恕]이란 말을 넣었다.

사실 《논어》에는 '공감'이라는 단어가 등장하지 않는다. 공감으로 풀이할 수 있는 서恕라는 말이 언급되어 있지만, 그나마도 글자 자체는 《논어》 전체에서 단 두 번 나올 뿐이다. 잘 알려져 있듯이 《논어》의 가장 중요한 개념은 인仁이다. 그런데도 겨우 두 번 등장한 서가 《논어》의 핵심이라고 하면 의아한 생각이 들 것이다. 인이 중요하지 않다는 말이 아니다. 다만 오늘날 우리가 살아가는 세계에서 《논어》를 더 이롭게 읽기 위해 공감을 강조한 정약용의 시각을 빌려 보자는 것이다. 힘든 세월을 살다 간 그가 《논어》를 이렇게 본 이유는 우리 시대에도 여전히 통하기 때문이다. 이렇게 읽는다고 해서 틀린 해석을 하는 게 아닌가 걱정할 필요는 없다. 시대에 따라 달리 읽을 수 있고 새로운 의미를 발견할 수 있는 책, 그것이 진정한 고전이기 때문이다.

2

호모 엠파티쿠스(1)
기소불욕 물시어인 己所不欲 勿施於人

혐오 시대라고 불릴 수 있는 요즘에 있어 '공감'은 현실의 돌파구로 주목받고 있다. 영어권에서 공감을 표현하는 말로 이전엔 'sympathy'를 많이 사용했는데, 근래에는 'empathy'가 더 널리 사용되는 추세다. 그리고 '공감하는 인간'이라는 의미로 '호모 엠파티쿠스homo empathicus'라는 신조어가 만들어지기도 했다. 서양에서는 근대 후기부터 상담학, 윤리학 등 여러 분야에서 공감이 활발하게 연구되고 있는 데 비해 동양에서는 아직까지 본격적인 연구가 진행되지 않았다. 하지만 공감은 우리 문화에서 이미 오래전부터 중요한 개념이었다. 그게 바로 서恕다.

앞서 언급했듯이 《논어》에서 '서'라는 글자는 두 번밖에 등장하지 않는다. 15,000여 자나 기록된 책에서 2번 나오는 글자를 핵심 또는 주제어라고 말하기는 쉽지 않다. 그러나 서와 관련된 내용은 《논어》 곳곳에서 나타난다. 본서는 《논어》에 직접적으로 문자가 나오지 않더라도 내용 측면에서 서와 관련이 있는 문장들을 소개하고자 한다.

우선 《논어》에서 공감과 관련해 가장 중요한 장은 〈위령공衛靈公〉편 23장이다. 그리고 이에 앞서 서가 나타난 다른 장은 〈이인里人〉편 15장이다. 증자(증삼)曾子와의 대화로 유명한 이 장은 '일관장一貫章'이라는 장 제목이 붙어 있을 정도로 공자의 일관된 철학[道]을 짧고 분명하게 설명한다. 이을호 선생의 《한글 논어》는 이 장을 다음과 같이 옮겼다.

공자 : 삼參아! 내 도는 하나로 꿰뚫었지.

子曰參乎。吾道一以貫之。

증자 : 네! 그렇습니다.

曾子曰唯。

(공자가 나간 후) 제자들 : 무슨 뜻입니까?

子出。門人問曰何謂也。

증자 : 선생님의 도道는 충심으로 미루어 생각하는 데 있을 따름이다.

曾子曰夫子之道。忠恕而已矣。

〈이인〉 15장

이 일관장에는 두 가지 문제가 있다. 우선 서恕라는 말이 공자가 직접 한 말이 아니다. 그리고 단독 글자가 아닌 '충서忠恕'라는 두 글자로 기록되었다. 첫 번째 문제는 《논어》가 애초에 공자의 기록이 아닌, 공자의 어록이라는 사실을 기억한다면 크게 문제가 되지 않는다. 그러나 두 번째 문제는 다르다. 단순히 두 글자여서가 아니라 서 앞에 충忠이 붙어 있기 때문이다.

충은 《논어》뿐만이 아니라, 모든 유교 경전에서 한결같이 중요한 용어다. 게다가 기본적으로 군주에게 요구되는 덕목이다. 군사부일체君師父一體라는 말에서 알 수 있듯이, 충은 효孝와 함께 유교 전통에서 오랫동안 중요하게 강조되던 개념이다. 그리고 서는 충과 효에 비해 유교 사회에서 주목받지 못한 용어였다. 그런데 정약용은 충보다 서를 더 강조한다. 이전과 같이 충과 서로 해석하는 전통을 부정하고, 서가 《논어》의 핵심개념이며 충이 서를 수식하는 글자라고 주장하는 것이다. 이러한 정약용의 해석을 살린 번역이 《한글 논어》다.

증자 : 선생님의 도道는 충심으로 미루어 생각하는 데 있을 따름이다.

단 두 글자에 불과한 충서를 "충심으로 미루어 생각하는 것"이라고 꽤 긴 구절로 번역했는데, 그만큼 번역에 고심한 흔적이 역력하다. 좀 더 자세히 보자. 충을 "충심忠心으로"라는 말로 짧게 표현했지만, 서는 "미루어 생각하는 것"이라고 풀이했다. 이는 정약용이 《대학大學》에 등장하는 서恕를 설명할 때 추서推恕라고 주장한 내용을 따른 것이다.

지금 우리가 쓰는 말 중에 서는 '용서容恕'라는 단어에만 들어가 있다. 그래서 동양고전 번역서 가운데 서를 문맥 상관없이 '용서'라고 번역한 경우가 종종 있다. 그렇게 번역하는 것이 무리는 아니지만, 의미가 정확하게 전달되지 않을 때가 있다. 그럴 때는 용서보다 '이해'라든지 '공감'으로 풀이하면 문장이 자연스러워진다. 대표적인 것이 《공자가어孔子家語》에 나오는 삼서三恕다.

공자 : 군자에게 세 가지 공감하는 법이 있다.

孔子曰君子有三恕。

《공자가어》

《공자가어》에 나오는 문장을 이렇게 "군자에게 세 가지 용서하는 법이 있다"라고 번역한 책*이 있다. "서는 자신을 돌아보는 것을 말한다恕者 反己之謂"라는 주석까지 번역해 서가 가진 '반성[反己]'의 의미를 분명하게 설명하면서도, 끝내 서를 '용서'라고 표현했다. 문맥을 따져보지 않아도 '군자에게 세 가지 용서가 있다'라는 문장은 어색하다. 용서보다 이해나 공감으로 풀이하는 것이 적절하다.

그런데 서를 용서가 아닌 '미루어 생각하는' 추서推恕라고 처음 주장한 것은 정약용이 아닌 중국의 주자다. 《성리자의性理字義》라는 책은 성리학性理學의 용어들을 정리한 일종의 용어집인데, 여기서 이미 주자가 서를 '용서'와 '추서'로 구분했음을 소개하고 있다. 하지만 정약용은 주자 이후에 성리학자들이 의도적으로 서를 용서의 의미로만 사용했다고 비판한다. 주자 입장에서는 억울할 만한 일이지만, 정약용은 이런 방식을 통해 자신이 재발견한 추서의 의미를 부각하고자 했다.

추서라는 말은 '미루어[推] 이해하다[恕]'라는 의미를 담고 있다. 그러나 추서의 의미보다 먼저 서의 기본 의미부터 살펴볼 필요가 있다. 〈위령공〉편 23장에는 《논어》에서 두 번째이자 마지막으로 서가 등장하는데, 여기에서

---

* 공자, 《공자가어》, 이민수(을유출판사, 2015)

는 공자가 직접 서에 대해 설명했으므로 공자의 서 개념을 이해하는 데 가장 중요한 문장이다.

> 자공 : 한마디로 평생 실천해야 할 말이 있을까요?
>
> 子貢問曰有一言而可以終身行之者乎。
>
> 공자 : 그것은 미루어 생각하는 것일 거야!
>
> 子曰其恕乎。
>
> 내가 당하기 싫은 일은 남에게도 하지 말아야 한다.
>
> 己所不欲。勿施於人。

〈이인〉편 15장 일관장과 달리 여기에서 대화의 주인공은 공자와 자공子貢이다. 성리학 전통에서는 일관장의 증자가 공자의 도통(道統; 학문의 정통성)을 계승한 것으로 보지만, 공자의 도를 보존하고 전파하는 일에서는 자공의 역할이 증자보다 더 컸다. 자공과 증자를 비교하는 것은 다음 장에서 다루도록 하고, 우선 이러한 자공과 공자의 대화를 살펴보자.

자공이 먼저 공자에게 질문한다. "한마디로 평생 실천해야 할 말이 있을까요?" 질문 자체가 결코 가볍지 않다. 일관장에서 공자의 설명이 직접 인용된 것은 아니다. 그리고 '일관장' 바로 앞의 〈이인〉편 14장을 보아도 어떤 배경에서 공자가 그런 말을 했는지 파악하기 쉽지 않다. 뜬금없이 "삼아! 내 도는 하나로 꿰뚫었지"라고 공자가 먼저 말을 했고, 증자는 "네! 그렇습니다"라고 답했을 뿐이다. 선문답 같은 대화가 오고 가니 선뜻 이해하기 어려웠던 다른 제자들이 그게 무슨 뜻이냐고 증자에게 물어보자 증자가 내

놓은 대답이 충서忠恕였다.

반면에 〈위령공〉편 23장은 대화 자체가 명쾌해서, 굳이 앞뒤 문맥을 따져 볼 필요가 없다. 자공은 실제로 공자에게 한마디 말을 구했을 뿐이다. 하지만 이는 매우 중요한 의미를 담고 있다. 그것이 곧 공자의 제자로서 "평생 실천해야 하는終身行" 바로 그 "한마디 말一言"이었기 때문이다. 제자의 심각한 질문에 공자는 정말 한마디로 대답했다. 서恕일 것이라고! 그리고 공자는 직접 서의 의미를 풀어 주었다. 공자가 직접 설명한 서의 의미는 "내가 당하기 싫은 일은 남에게도 하지 말라己所不欲 勿施於人"다. 이 문장을 새롭게 해석하면서 우리는 앞으로 《논어》의 서가 공감을 의미한다는 것을 알아가게 될 것이다. 그를 위해 우선은 다음 장에서 자공의 캐릭터를 살펴볼 것이다.

군자의 그릇
군자불기 君子不器

　공자의 제자 가운데 많이 알려진 제자는 자로子路, 안연(안회)顔淵, 증삼(증자) 그리고 자공 네 사람이다. 자로는 계로季路라고도 하는데 공자와 나이 차가 많이 나지 않고, 무사 출신에 다혈질적인 성격을 지닌 인물이다. 많은 이들이 자로 덕분에《논어》가 지루하지 않다고 할 정도로 캐릭터가 뚜렷한 제자였다. 반면에 안연은 그야말로 가장 모범적인 제자로 "제자 중에 누가 가장 호학好學합니까?"라는 질문에 공자가 주저하지 않고 내세웠던 인물이다. 《논어》 속 "극기복례克己復禮"라는 고사성어의 주인공이기도 한데, 미천한 출신임에도 불구하고 스승을 가장 기쁘게 했던 제자였다. 안연은 공자에게 아들뻘이었는데, 공자 말년에 안연이 먼저 요절하는 바람에 공자의 상심이 컸다. 증삼은《논어》에서 공자와 함께 선생[子]의 호칭이 붙어서 증자曾子로도 기록된다. 이러한 점은《논어》가 증자 계열의 학파에 의해 수집되었다는 근거가 되기도 한다.

앞서 충서 논쟁에서 보았듯이, 증자는 공자철학의 정통성을 계승하는 것으로 평가받았다. 증자는 공자의 도道를 다시 공자의 손자인 자사子思에게 전했고 자사에게 이어진 도의 계보, 즉 도통道統은 맹자孟子에게 이어진다. 이것이 조선의 성리학자들이 신봉했던 도통설(도통론)道統說이다. 공자철학 정통의 계보라는 뜻이다. 정약용은 충서에 대해 해석하면서 충서와 도통은 아무 관계가 없다고 단언하며 성리학적 도통설에 대한 비판적 입장을 표명했다.

이를 통해 정약용은 의도적으로 공자–증자–자사–맹자로 이어지는 유학의 정통성을 부정하고, 자공이야말로 공자의 도를 진정으로 전수받은 제자라고 재구성하려 했는지도 모른다. 그런데 이것은 정약용만의 주장이 아니다. 공자가 우리가 알고 있는 공자로 자리하게 된 이면에는 현실적으로 자공의 역할이 제일 컸기 때문이다.

자공의 이름은 단목사端木賜다. 단목端木은 성이고, 사賜가 이름이다. 그는 위衛나라 상인 집안 출신으로, 지금으로 치면 재벌 2세 또는 3세라 할 수 있다. 지금도 대기업 총수들 중에는 자신의 후계자에게 인문학적 소양을 강조하는 사람들이 많은데, 자공은 이미 공자 시대에 경제학과 인문학을 복수전공한 선구적 인물이라 할 수 있다. 실제로 사마천司馬遷이 저술한 《사기史記》의 〈화식열전貨殖列傳〉에서 춘추전국 시대의 중요한 재계 인물로 자공이 소개되었다.

자로, 안연, 증자 모두 공자의 중요한 제자이지만 자공은 '공자 학단學團'을 재정적으로 후원하고, 또한 《논어》 편찬을 주도했다고 평가받는다. 아무리 좋은 사상을 주창하고 학문적 업적을 쌓았다고 해도 경제적 지원이 없이 순수 학술 단체가 유지되기는 어려운 일이다. 춘추전국 시대에 공자의 이론이 살아남은 것에는 자공의 지원 전략이 유효했다.

이렇게 공자 학단의 기반을 마련한 자공은 그 누구보다 인정욕구가 강했던 것 같다. 《논어》 〈공야장公冶長〉편 3장에 앞서 1장에서는 인물 평가가 소개된다. 가장 먼저 평가받는 사람이 이 편의 제목이기도 한 공야장이라는 인물인데, 공자는 이 사람을 두고 사위 삼을 만하다는 높은 평가를 내린다. 바로 이어서 남용南容이라는 사람에 대해서는 자기 이복형의 딸을 시집보낼 정도라고 또 한 번 좋은 평가를 내린다. 그리고 〈공야장〉편 2장에서 공자의 제자 가운데 한 사람인 자천子賤에 대한 평가가 소개된다.

> **공자 : 훌륭한 인물이다. 이 사람이야말로!**
> 子謂子賤。君子哉若人。
> **노魯나라에 훌륭한 인물이 없었다면 이 사람이 어디서 본을 받았을까!**
> 魯無君子者。斯焉取斯。

〈공야장〉편 1장에서 공야장과 남용에 대한 긍정적 평가에 이어, 2장에서도 자천에 대한 공자의 훈훈한 평가가 이어진다. 그리고 3장에서 드디어 자공에 대한 공자의 평가가 등장한다. 물론 〈공야장〉편 1장부터 3장까지 진행되는 대화가 시간상 순차적이지는 않았을 것이다. 아마도 후대의 편집에 의해서 구성된 것일 텐데, 〈공야장〉편 3장에서 공자와 자공의 대화는 굉장히 드라마틱해서 많은 상상을 일으키는 문장이다.

자공 : 저는 어떻습니까?

子貢問曰賜也何如。

공자 : 너는 그릇이다.

子曰女器也。

자공 : 어떤 그릇일까요?

曰何器也。

공자 : 호련 같은 보물이지.

曰瑚璉也。

먼저, 자공이 질문했다. 《논어》〈위령공〉편 23장과 마찬가지로 자공은 공자와 대화할 때 대체로 먼저 질문을 던지는 제자로 묘사된다. 안연이 훌륭한 제자로 평가받지만, 정작 공자와 실제로 대화를 나누는 장면이 거의 없는 것과 매우 대조적이다. 여기서도 먼저 대화를 여는 자공이 질문하는 내용은 '저는 어떤가요?'라는 자신에 대한 스승의 평가다.

보통 제자가 스승에게 평가를 듣기 원한다는 것은 굉장히 자신감이 넘칠 때 하는 행동이다. 질문의 성격으로 보아 자공은 자존감이 높은 사람이었고, 어느 정도 기대감을 가지고 질문을 했을 것이다. 그런데 공자는 "너는 그릇이다女器也"라고 말했다. 자공이 이에 대해 재차 질문한 것을 보면 스승의 대답에 만족하지 못한 듯하다. 이 대답만으로는 긍정적인 평가인지 부정적인 평가인지 가늠하기 쉽지 않다. 그런데 《논어》〈위정〉편 12장에 군자와 그릇의 관계에 대해 유명한 문장이 있다.

쓸모 있는 인간은 외통수는 아니다.

君子不器。

《한글 논어》에서는 이 네 글자를 "쓸모 있는 인간은 외통수는 아니다"라고 번역했다. 《논어고금주》에서 정약용은 이에 대해 특별한 해석을 달지 않았고, "군자는 한 가지 용도로만 쓰이는 그릇은 되지 않는다"라고 평이하게 읽었다. 이에 대한 주자의 해석도 특별히 다른 점은 보이지 않는다.

여기서 주목할 것은 〈위정〉편 12장에서 군자는 "그릇이 아니다不器"라고 정의했는데, 자공을 평하면서 "너는 그릇이다女器也"라고 했다는 부분이다. 군자를 인생 목표로 삼았던 공자의 제자인 자공에게 실망스러운 대답이 아닐 수 없다. 그러나 자존감이 높은 자공은 실망하지 않고 다시 한번 질문한다. 주눅 들지 않은 제자의 모습이 맘에 든 것인지 아니면 원래부터 의도했던 대답인지 알 수 없지만, 공자는 자공에게 그는 "호련瑚璉"이라고 말해준다. 호련은 제사에 쓰이는 그릇이다. 정약용은 호瑚는 중국 고대 상商 또는 은殷왕조의 제사에 쓰였던 그릇이고, 연璉은 하夏왕조의 제사에 쓰였던 그릇이라고 설명한다. 여기서 더 중요한 것은 정약용의 자공에 대한 평가다.

공자는 자공을 안자(안연)에게 견주어 누가 더 나으냐고 물을 정도였으니, 그 기대가 컸던 것이다. 마땅히 여기에 하나의 그릇[器]으로 다시 폄하해서는 안 된다.

孔子以子貢擬於顏子。問其孰愈。則其期許大矣。不應復以一偏之器貶之。

《논어고금주》

비록 공자가 '군자는 그릇이 아니다'라고 말하고 자공을 '그릇'이라고 평가했지만, 왕조의 제사에 쓰이는 가장 귀한 그릇이라고 평가했다는 점에서 군자에 매우 근접한 수준으로 보았다고 정약용은 판단했다. 그는 왜 이토록 자공을 옹호한 것일까?

충성심[忠]이 강조되었던 성리학 전통에서 증자에게 전수된 공자의 충서忠恕는 결국 충忠 한 글자로 수렴되거나 충효忠孝로 대체되었다. 그러나 이미 보았듯이, 정약용은 〈이인〉편 15장을 해석하면서 충서는 공자철학의 정통성을 가리키는 도통道統과 전혀 관련이 없으며 오히려 핵심개념은 서恕라는 단서를 달았다. 정약용이 자공을 안연과 맞먹는 거의 유일한 제자로 평하는 까닭은 공자가 서를 직접 전수한 제자가 바로 자공이기 때문이다.

그렇다면 공자는 왜 자공에게 서를 전수해 주었을까? 앞서 언급한 것처럼 자공은 상인 집안 출신이다. 그리고 상인들에게 가장 중요한 덕목은 상호 신뢰다. 충은 군주와 신하 또는 군주와 백성 같은 수직적 관계에 필요한 덕목이다. 하지만 상인들은 수평적 관계이므로 공자는 그에게 서를 강조한 것이다. 여기에서 춘추 시대 다른 문헌에서 서가 잘 등장하지 않는 이유를 짐작할 수 있다. 춘추 시대의 학문은 정치적 관계를 주로 다루었기 때문에 수평적 관계보다는 수직적 관계에 더 집중했던 것이다.

공자는 자공에게 서恕를 전수함으로써 수평적 관계에서 인仁을 적용할 수 있게 했다. 그리고 조선 후기 서양문화와 충돌하여 봉건제가 종말을 맞이할 것을 예감한 정약용은 다시금 공자의 서에 주목했다. 이는 2,000년간 충효를 강조한 유교 전통에서 새로운 길을 모색한 것이다.

공감의 경제학
아애기례 我愛其禮

12편으로 구성된 《목민심서牧民心書》는 정약용이 유배 말기에 완성한 책이다. 《목민심서》는 정약용 생전 당시에도 애독되었고, 지금도 정약용의 저서 중 가장 많이 읽히고 있다. 공직 윤리를 교육할 때 청렴을 강조하면서 특별히 더 많이 인용되는 책이 바로 《목민심서》다. 그런데 제목의 뜻을 잘 살펴보면 이 책의 핵심을 과연 청렴이라고 할 수 있을지 의문이 든다. 《목민심서》의 서문에는 '목민牧民'이 유학자의 지향점인 '치인治人'과 같은 의미라고 밝히고 있다. 그리고 제목을 '심서心書'라고 한 까닭에 대해서는 목민 또는 치인할 마음이 있으나 실행할 수 없기 때문이라고 했다. 결국 정약용이 이 책을 지은 까닭은 치인을 행하는 길을 제시하기 위해서인데, 청렴은 수기修己의 영역에 해당하며, 치인의 구체적인 방법이라고 보기 어렵다. 그렇다면 치인의 핵심은 무엇일까? 예나 지금이나 '백성을 잘 살게 하는 것'이다. 그리고 백성을 잘 살게 하는 것은 경제와 뗄 수 없는 문제니, 공직 윤리의 핵심은 경제적 문제와 관련이 있다고 보는 게 타당하다. 그리고 그 관점에서 공자와 재계 인사인 자공이 나눈 대화를 살펴보는 것은 현대적으로 유의미하다. 자공이 상인 집안 출신이라는 것과 관련해 주목할 만한 에피소드가 두 가지 있다. 첫 번째는 〈팔일八佾〉편 17장으로, 제사와 관련된 이야기다.

사賜야, 너는 염소가 아까우냐? 나는 그것보다 예법을 아낀다.
賜也。爾愛其羊。我愛其禮。

이 이야기로 들어가기에 앞서, 예禮에 대한 정약용의 인식과 당대 조선의 상황을 짚어 볼 필요가 있다. 동양의 고전 사서四書(논어, 맹자孟子, 대학大學, 중용中庸)와 육경六經(시경詩經, 서경書經, 역경易經, 춘추春秋, 예기禮記, 악경樂經)에 관한 모든 주석서를 집필한 정약용이지만, 그가 특히 관심을 둔 대상은 예다. 유배지에서 처음 완성한 책은 《주역사전周易四箋》이었지만, 본래 가장 먼저 집필하고 싶어 했던 책이 《상례사전喪禮四箋》일 정도로 그는 예를 중요하게 여겼다.

한편 조선의 17세기는 '예학禮學의 시대'로 정의되기도 한다. 16세기 말 임진왜란 이후 17세기 초 병자호란까지 겪으면서 국토가 황폐화되고 백성들의 삶이 피폐해졌을 시기에 오히려 성리학적 생활양식이 안착했다. 지방 호족을 중심으로 유지되어 오던 고려의 전통들이 전쟁으로 인해 폐기되면서, 성리학적 예법 전통이 자리를 잡는 토대가 마련되었다. 이때부터 주자가 저술한 《가례家禮》가 실질적인 예법의 표준이 되었고, 이러한 배경에서 효종의 상례喪禮와 관련해 예송禮訟 논쟁*까지 일어난 것이다.

---

* 한국 유학의 3대 논쟁이라고 하면 일반적으로 16세기 사단칠정 논쟁, 17세기 예송 논쟁, 18세기 호락 논쟁을 이야기한다. 사칠 논쟁과 호락 논쟁은 학술적 성격이 강했지만, 예송 논쟁은 정치적 성격이 더 강했다. 예송 논쟁은 효종의 상례를 몇 년간 치를 것인지로 시작되었으나 결국 왕권王權과 신권臣權의 대립, 서인西人과 남인南人의 대립 등 정치 논쟁으로 변질되었기 때문이다.

정약용이 태어난 18세기에는 '인물성동이人物性同異'에 관한 논쟁이 일어났다. 이는 호락湖洛 논쟁이라고도 불린다. 간단히 말하면 '인간의 본성[人性]'과 '인간 이외의 생물의 본성[物性]'이 '같은지[同] 다른지[異]'에 대한 순수 철학적 논쟁이었다. 이 논쟁은 16세기에 일어났던 사단칠정四端七情 논쟁*처럼 사변적 분위기로 회귀한 듯했지만, 정약용은 이보다 실천적인 문제인 예에 대해 관심을 기울였다.

《논어》에서 〈팔일〉편 17장은 잘 알려진 문장 중 하나로, 인仁을 비롯한 《논어》의 또 다른 핵심개념을 예禮로 볼 때 가장 대표적인 내용으로 꼽힌다. 그래서 정약용은 《논어고금주》에서 이 부분을 해석할 때 예에 관한 내용을 상세하게 제시한 것이다. 그리고 역사적 기록을 담은 《춘추》 등 여러 고전 속 사례를 인용하며 앞선 주석가들의 오류를 반박했다. 주석가들과의 뜨거운 논쟁이 불붙었던 〈팔일〉편 17장의 전문은 다음과 같다.

> 자공이 초하룻날의 염소 희생을 그만두려고 하였다.
>
> 子貢欲去告朔之餼羊。
>
> 공자 : 사야, 너는 염소가 아까우냐? 나는 그것보다 예법을 아낀다.
>
> 子曰賜也。爾愛其羊。我愛其禮。

---

* 《예기》〈예운禮運편〉에서는 인간의 기본적인 감정을 기쁨, 노여움, 슬픔, 두려움, 사랑, 미움, 바람 등 일곱 가지로 언급했는데, 맹자는 인간의 착한 본성에 대한 단서를 측은惻隱, 수오羞惡, 사양辭讓, 시비是非라는 네 가지 감정으로 보았다. 퇴계는 맹자가 말한 네 가지 감정이 《예기》에서 말한 일곱 가지 감정과 다른 차원의 것이라 하였고, 퇴계의 논적인 고봉高峯 기대승奇大升은 모두 감정이라는 개념이라 주장하며 불거진 논쟁이 바로 사단칠정 논쟁이다. 정약용은 학맥으로는 퇴계 계열이지만, 사단칠정 해석에 있어서는 고봉에 동조하여 정조의 관심을 받기도 했다.

해가 바뀔 때면 천자天子의 사신이 제후국에 와서 달력을 주는 것이 주周나라의 '초하룻날'과 관련된 예법이었다. 초하룻날을 알리는 그 예법이 바로 곡삭지례告朔之禮이며, 희양餼羊은 그 사신을 대접하기 위해 염소 또는 양을 준비하는 것이다. 시간이 흘러 주나라가 쇠퇴해 더 이상 사신은 오지 않았지만 여전히 사신을 위한 염소나 양을 기르는 예식은 남아 있었다. 그래서 자공은 이 유명무실한 의식을 그만두려고 한 것이다.

여기에서 자공이 '초하룻날의 염소 희생告朔餼羊'을 그만두려고 한 것은 그 가축을 '빈객賓客을 대접하는 양[餼賓之羊]'으로 여겼기 때문이다. 정약용도 《논어고금주》에서 자공의 주장에 대해 "양을 먹이는 꼴을 허비하고 있어서 이에 자공이 그 양을 없애려고 한 것이다"라고 해석했다. 자공이 양을 아까워했다는 해석은 이전의 주석가들과 동일하다.

이 대화에서 예의와 명분을 중시한 공자와 실리를 중시한 자공의 입장 차이가 극명하게 드러난다. 공자는 양을 먹이는 데 적지 않은 비용이 들어간다 하더라도 주나라의 예법을 지키고자 했지만, 자공은 허례허식을 과감히 탈피하고 경제적 이득을 취하려 하는 실리주의 입장을 보여 주었다. 그 입장은 앞 장에서 소개한 가정적 배경에 원인이 있다. 효율과 수익성을 따지는 환경에서 자란 자공은 예의나 명분보다 실리나 이윤을 추구하는 쪽으로 생각이 자연스럽게 흘러갔을 것이다.

사실 서는 정치적 개념보다 경제적 개념에 가까웠다. 이미 언급했듯이, 다른 제자백가諸子百家들의 책에서는 서를 찾아보기 어렵다. 이는 정치적 용어가 아니라 상인들이 상호 신뢰감을 표현할 때 쓰는 용어였기 때문이다.

실제로 상인에게 가장 중요한 덕목은 믿음[信]이다. 예로부터 시장경제가 발전하기 위해서는 여러 제도적 장치도 필요했지만, 무엇보다 서로 믿고 거래할 수 있는 신뢰 관계가 형성되어야 했다. 그 믿음이 제대로 작동하기 위해서는 공감이나 타자 이해를 의미하는 서라는 감정과 사고가 상호 간 작용해야 한다. 쉽게 말해, 나의 재산이 소중하듯이 남의 재산도 소중하다는 생각이 밑바탕이 되어야 쌍방 믿음이 생긴다.

공자는 인에 대해 제자들에게 다양한 가르침을 주었는데, 앞서 말한 대로 자공은 공자에게서 서를 전수받았다. 자공이 예보다도 실리를 추구한다는 것을 알고 이를 고려한 것이다. 그리고 공자가 치인과 밀접하게 관계된 인을 설명하는 데 서라는 개념을 끌어옴으로써 이제 서는 정치적 의미도 함께 띠게 되었다.

그럼에도 서는 유학 전통에서는 물론이고, 성리학 안에서도 크게 주목받지 못했고 인仁, 애愛, 경敬과 같은 기존의 정치적 용어들에 비해 중요하게 다루어지지 않았다. 사서에서도 《논어》 외에 나머지 책들에서는 단 1회씩만 등장한다. 그리고 《중용》과 《대학》의 서는 《논어》의 개념을 그대로 사용할 뿐 부가적인 내용이 등장하지도 않는다. 《맹자》에서도 서는 인과 더불어 "서를 힘써서 행하면 인을 구함이 이보다 가까울 수 없다强恕而行 求仁莫近焉"라고 설명한다. 그런데 이에 더불어 '측은지심惻隱之心'이라는 새로운 용어가 소개되어, 서를 대체하는 역할을 한다. 현재 중국의 학자들은 측은지심과 서를 거의 같은 의미로 보고 있다. 결국 서는 '측은히 여기는 감정의 측면', 즉 연민이나 공감으로 볼 수 있다.

서는 과거에도 각광받지 못했고, 현대에는 용서의 의미로 고착되어 버렸다. 그런 점에서 본래 뜻을 되찾는 것은 매우 어렵거나 무의미할 수도 있다. 그리고 공감이라는 단어가 보편적으로 사용되고 있기 때문에, 굳이 그것을 서라는 단어로 대체할 필요도 없다. 그러나 사서에 오늘날 통용되는 '공감'의 개념이 제시되었다는 것 자체가 공감을 현대적으로 재정의하는 데 매우 유용하며 큰 의미가 있다.

　공감이라는 개념이 서양철학에서 비롯되었다고 생각하기 쉽지만, 이에 대한 서양의 학술적인 연구도 역사가 길지 않다. 철학 특히 윤리학적으로 유의미한 작업을 시작한 사람은 데이비드 흄David Hume이다. 그리고 흄의 제자 애덤 스미스Adam Smith는 《국부론》의 저자로 많이 알려져 있지만, 그의 첫 번째 책 《도덕감정론》의 첫 장은 공감sympathy에 대한 설명으로 시작한다. 그러나 서양사상사적으로 데이비드 흄의 철학보다 임마누엘 칸트Immanuel Kant의 철학이 많은 반향을 일으켰듯, 애덤 스미스의 《도덕감정론》보다 《국부론》이 더 학계의 반응을 얻었다. 결국 이들이 주창한 공감의 개념은 크게 주목받지 못했다.

　애덤 스미스가 《도덕감정론》이라는 윤리학 서적과 《국부론》이라는 경제학 서적을 모두 저술했다는 사실은 자공과 연관지어 볼 때 특히 관심을 유발한다. 시간적으로나 공간적으로 서로 떨어져 있지만, 연구 주제나 문제의식이 유사했기 때문이다. 흄의 철학을 연구한 최근 책들을 보면 흄이 공자와 닮았다는 인상을 주는데, 흄의 제자 스미스와 공자의 제자인 자공도 그러하다. 이들은 인간의 삶에서 가장 중요한 부분을 윤리와 경제로 인식했다. 그리고 그 둘을 연결 짓는 개념이 자공에게는 서였고, 스미스에게는 공감이었다는 사실은 주목할 만하다.

현재 한국 사회에서도 가장 중요한 이슈는 윤리와 경제 문제다. 한국 사람들은 경제적으로 윤택해지고 사회적 지위가 높아지기를 추구하면서도 부자나 권력자에 대해 어딘가 부정적인 인식이 있다. 이는 비윤리적인 방법으로 부와 권력을 획득하는 사회 리더들의 행태, 근본적인 경제 문제 해결에 힘쓰기보다 일시적으로 눈 가리기에 급급한 선심성 정책 그리고 점점 더 심해지는 양극화에 박탈감과 염증을 느끼기 때문일 것이다. 사회지도층에게 요구되는 공직 윤리를 막연하게 청렴이라는 개념으로 설명하는 한 '내 양심에 거리낌이 없다'라는 리더들의 뻔뻔한 변명에 빌미를 제공할 수밖에 없다. 이 시대에 맞는 더 구체적이고 실질적인 윤리적 기준을 마련하기 위해서는 '공감 윤리'에 대해 더 많은 연구가 이루어져야 한다.

욕망의 윤리학(1)
기욕립이립인 己欲立而立人

자공과 서가 연결된 문장에서 두드러지는 글자는 욕欲이다. 욕은 동사로 '바라다', '하고 싶어 하다' 등의 의미를 지니고, 명사로는 욕망, 욕구 등으로 활용된다. 자공을 자본주의적 인물로 본다면 긍정적 의미에서 욕망과 가장 잘 어울린다고 할 수 있다. 그만큼 공자와 자공의 대화에서 욕欲이라는 글자가 적지 않게 나온다. 공자는 제자들 가운데 자공을 가장 욕망에 충실한 인물로 보았던 것 같다.

《논어》〈옹야雍也〉편 28장은 욕망에 대한 긍정적인 표현이 나타난다. 전체 대화는 다음과 같다.

자공 : 백성들에게 널리 은혜를 베풀어 그들을 구제할 수만 있다면 어떻습니까?
子貢曰如有博施於民。而能濟衆。何如。

사람 구실을 한다고 할 수 있을까요?

可謂仁乎。

선생 : 어찌 사람 구실만 한다고 할까! 그야 성인聖人이지!

子曰何事於仁。必也聖乎。

요와 순 같은 분들도 그 일로 애를 태웠다.

堯舜其猶病諸。

대체로 사람 구실 하는 사람은 자기가 서고 싶으면 남을 세우고

夫仁者。己欲立而立人。

제 앞을 트고 싶으면 남의 앞길을 터 준다.

己欲達而達人。

제 앞장부터 잘 처리할 수 있는 그것이 사람 구실 하는 방법이라고 할 수 있을
게다.

能近取譬。可謂仁之方也已。

"자기가 서고 싶으면 남을 세운다己欲立而立人"와 "제 앞을 트고 싶으면 남의
앞길을 터 준다己欲達而達人"는 〈위령공〉편 23장 "내가 당하기 싫은 일은 남에
게도 하지 말아야 한다己所不欲 勿施於人"의 긍정문 형태로 설명되기도 한다. 이
〈옹야〉편 28장은 '하지 말라'라는 부정형이 아닌 '하라'라는 긍정형으로 표
현되었기에 〈위령공〉편 23장과 함께 윤리학자들의 관심을 받았다.

조선 후기 청淸나라를 통해 서학西學이 유입될 때, 천주교와 관련해 조선
유학자들에게 가장 많은 영향을 미친 책은 마테오 리치Matteo Ricci, 1552~1610의
《천주실의天主實義》와 판토하Diego de Pantoja, 1571~1618의 《칠극七克》이다. 특히 《칠극》

은 '일곱 가지 극복에 대하여'라는 제목에서 연상되듯 가장 원초적인 죄를 어떻게 극복할 수 있는지에 관해 다룬다. 여기서 극복克復은 '사사로운 욕심을 이기고[克] 예로 돌아가는[復]' 극기복례克己復禮로도 이해할 수 있다. 조선의 유학자들은 서양 기독교의 높은 윤리 의식에 매우 호감을 느꼈고, 《칠극》은 서양윤리와 동양윤리가 만나는 첫 가교 역할을 했다. 《칠극》에서 서가 언급되는 곳은 2장 〈평투平妬〉인데, 내용은 다음과 같다.

남을 사랑하는 것은 서뿐이다. "자기가 하고 싶지 않은 것을 남에게 하지 말라"라는 공자의 말은 천주께서 말씀하신 "남을 자기처럼 사랑하라"라는 것과 같다.
愛人者。恕而已。己所不欲。勿施於人。卽天主所謂。愛人如己。是也。

중국 명明나라 말기에 들어온 예수회 선교사들도 기독교의 사랑[愛]을 동양에 설명하며 주목했던 단어가 바로 서다. 이러한 동양윤리의 서에 윤리학자들이 자주 비교하는 서양윤리의 '황금률golden rule'은 기독교 핵심 윤리관으로, 〈마태복음〉의 7장 12절에 그 근간이 가장 잘 나타나 있다. "무엇이든지 남에게 대접을 받고자 하는 대로 너희도 남을 대접하라(개역개정)"라는 긍정형 문장인 이 황금률에서 주목해야 할 것은 '대접'이라는 단어인데, 이 구절을 "너희는 남에게서 바라는 대로 남에게 해 주어라(공동번역)"라고 번역하기도 한다. '바라는 대로'라고 번역한 것이 그리스어 원문에 더 가깝다. 이렇게 서양의 황금률과 동양의 서는 '바라는 것'을 가지고 윤리 원칙의 기반을 삼았다는 공통점을 가지고 있다.

이같이 두 윤리관 모두 욕망[欲]이라는 공통점이 있지만, "기소불욕 물시어인"은 부정형 문장이라는 점에서 황금률에 비해 낮은 평가를 받기도 했다. 반면 "기욕립이립인 기욕달이달인"은 내용과 형식 모두 황금률과 유사해 동서양 윤리학자들이 두 구절을 함께 묶어 비교·설명하기도 했다.

또한 "기소불욕 물시어인"에서는 실제 욕망의 내용이 무엇인지를 언급하지 않은 것에 비해, "기욕립이립인 기욕달이달인"은 입立과 달達이라는 욕망의 내용까지 언급했기 때문에 더욱 모범적으로 여겨졌다. 여기에 공자가 직접 한 말이라는 점도 서에 관한 최고의 해설로 여겨지니, 서양의 황금률과 비교해 부족한 부분이 없어 보인다.

또 입과 달은 '대접을 받고자 하는 대로'라는 서양 황금률의 번역에 비해 훨씬 고상하게 옮길 수 있다. 입은 '서게 하다' 또는 '세워 주다'라는 말로, 달은 '도달하게 하다'라는 말로 풀이된다. 다른 사람을 세워 주고 그가 어떤 목표에 도달하게끔 이끄는 행위는 훌륭한 일이다. 인간을 단순한 욕망의 동물로 격하시키는 것이 아닌, 타인의 욕망을 인정하고 나아가 그 욕망을 이해하는 '공감적 존재'로 격상시키는 것이기 때문이다.

유교 경전 중 《예기》〈예운〉편에서 욕欲은 인간의 기본적인 일곱 감정인 희로애구애오욕喜怒哀懼愛惡欲 중 하나로 규정되어 있다. 욕을 마음과 연결하면 욕심欲心이 되고, 감정과 연결하면 욕정欲情이 되어 버려 지금 우리가 이 단어들에 느끼는 뉘앙스는 다소 부정적이다. 하지만 원래의 의미로 볼 때 욕 자체는 중립적이다. 무언가를 바라는 것은 자연스럽고, 긍정적인 감정이다. 특히 그 내용이 '남을 세우는 것[立人]'이거나 '남의 앞길을 터 주는 것[達人]'이라면 더욱 긍정적이다.

이 문장에 대한 정약용의 해설은 길지 않다. 그저 입과 달에 대해 간단한 주석을 달아 놓았을 뿐이다. 입을 "몸을 세우고 벼슬자리를 얻는 것^{樹身得位}"으로 설명했는데, 이를 한 단어로 정의하면 수립^{樹立}이다. 우리 현대사에서 가장 중요한 사건 중 하나인 임시정부 수립을 떠올리면 될 것이다. 공자는 "서른에 자립했다^{三十而立}"라고 했는데, 정약용은 이것을 "몸이 안정되어 있어 동요하지 않는 것^{安身不動}"이라고 설명했다. 입과 관련해 더 중요한 문장은 〈안연^{顏淵}〉편 7장에 등장하는 "백성이 믿지 못하면 서지 못한다^{民無信不立}"라는 구절이다. 이는 자공이 정치에 대해 묻자 공자가 답한 것이다.

반면에 달^達은 "천성을 이루어 막힘이 없는 것^{遂性無關}"으로 설명했다. 뒤에 있는 무알^{無關}이라는 표현은 '가로막는 것이 없다'라는 뜻이다. 정약용 이전의 조선 유학자들이 쓴 글에 종종 나오는 표현인데, 정약용이 다른 사람들에 비해 많이 사용했다. 그리고 무알 앞에 수성^{遂性}은 '본성[性]'을 완수[遂]하는 것'이므로, 결국 달은 '도덕적 본성의 실현'을 의미한다. 그런데 그 도덕적 본성이라는 것이 무엇일까? 바로 공감[恕]이다. 정약용은 입과 달에 대한 설명에 뒤이어 서를 언급한다.

자신의 하고 싶은 바를 남에게 먼저 베푸는 것이 서다.

己之所欲。先施於人恕也。

《논어고금주》

부정형으로 표현된 "기소불욕 물시어인"을 정약용은 긍정형으로 바꾼 것이다. 기소불욕^{己所不欲}을 기지소욕^{己之所欲}으로 수정하고, 물시어인^{勿施於人}을 선시어인先施於人으로 한 글자씩만 수정하여 긍정형 문장으로 재정의했다. 공자의 서가 부정적 형태의 "기소불욕 물시어인"이라면, 정약용의 서는 긍정적 형태의 "기지소욕 선시어인"인 것이다. 정약용이 수정한 서는 이제 서양의 황금률과 형식적으로도 일치되었다.

공자의 서恕	내가 당하기 싫은 일은 남에게도 하지 말아야 한다.
정약용의 서恕	자신의 하고 싶은 바를 남에게 먼저 베풀어라.
서양의 황금률	너희는 남에게서 바라는 대로 남에게 해 주어라.

정약용의 서에 대한 해석이 서양 황금률과 같이 긍정형으로 바뀐 것은 《칠극》과 관련이 있다. 앞서 인용한 《칠극》 2장 〈평투〉의 문장을 바로 뒤잇는 문장은 다음과 같다.

남을 자기처럼 사랑하는 사람은 자기에게 먼저 하고 남에게는 나중에 한다. 네가 자기를 바로 할 수 없으면서 남을 바로잡고자 한다면 남을 잘못 사랑하는 것이다.
愛人如己者。則先己而後人。爾不能正己。而欲正人。過愛人矣。

"자기에게 먼저 하고 남에게는 나중에 한다先己而後人"라는 부분과 "남을 바로잡고자 한다면欲正人"이라는 부분에서 정약용이 서를 재정의한 "기지소욕 선시어인"과의 밀접한 관계를 짐작할 수 있다. 정약용은 《칠극》을 통해 《논어》의 서를 재정의함으로써, 동서양 윤리의 융합을 시도했다.

6

욕망의 윤리학(2)

오역욕 무가저인 吾亦欲 無加諸人

조선 후기 백성들을 괴롭혔던 것 중 하나가 양반 계층의 횡포다. 지금도 대한민국에서 기득권층의 행보를 판단할 때 그의 도덕적 행위는 물론, 그 자식의 행실까지 민감하게 따진다. 기득권층의 악습이 오랫동안 서민을 힘들게 해서다. 정약용은 《목민심서》에서 이런 폐단에 대해 지적하고, 유배지 강진에서 지은 〈애절양哀絶陽〉이라는 제목의 시를 그 안에 옮겨 놓았다. 그리고 후기로 이런 말을 덧붙였다.

백성을 다스리는 자가 백성들의 실정은 걱정하지 않고 속례俗例만 따르므로, 그 당시 어떤 독살스러운 백성이 이와 같이 끔찍한 일을 저질렀다. 이 참으로 불행한 일이라 어찌 두렵지 않겠는가.

爲民牧者。不恤民情。但循俗例。時有悍毒之民。作如是變。不幸甚矣。可不懼哉。

기득권의 폭정에 휘둘리는 것이 비단 조선 시대만의 이야기인가 생각하면 그렇지도 않다. "어이가 없네?"라는 명대사를 탄생시킨 영화 〈베테랑〉에서 재벌 3세 조태오는 임금체불에 항의하는 물류 하청업체 직원을 빈사 상태가 될 때까지 폭행한다. 그리고 자신의 악행이 만천하에 드러나 처벌을 피할 수 없게 되자, 충실한 오른팔인 최 상무에게 그 죄값을 대신 받으라고 압박한다. 그리고 최 상무는 이른바 '미래를 보장받고' 죄를 뒤집어쓴다. 이 모든 그릇된 행위의 기저에는 돈과 권력을 향한 욕망[欲]이 있다. 영화나 드라마 속에서만 일어나는 일이라면 좋겠지만, 기득권층이 약자를 대상으로 거리낌 없이 내지르는 폭력은 현실에서도 일어난다. 더욱이 유능한 변호사들을 고용해 온갖 법의 허점을 노려 솜방망이 처벌을 받아 내기까지 한다. 정약용 시대의 폐단이 현재까지 이어진 셈이다.

제가 남에게서 당하기 싫은 일은 저도 남에게 하고 싶지 않습니다.
我不欲人之加諸我也。吾亦欲無加諸人。
〈공야장〉 11장

《논어》 〈공야장〉편 11장은 욕망이라는 감정의 공감적 차원에서 살펴보아야 한다. 이 문장 역시 공자와 자공 사이의 대화를 기록한 것이다. 앞서 등장했던 두 사람의 또 다른 대화인 〈위령공〉편 23장에서는 자공이 먼저 질문했다. 평생 실천해야 할 한마디 말에 대한 질문이었다. 공자는 서恕 한 글자일 것이라 말하고, 곧이어 서에 대한 정의로 "기소불욕 물시어인"을 주었다. 그런데 〈공야장〉편 11장의 대화는 다른 방식으로 전개되었다. 여기서도 먼저 입을 여는 사람은 자공이다. 하지만 질문이 아니라 자신의 생각을 주장한다. 아마 공자에게 좋은 평가를 기대했을 가능성이 크다. 게다가 기세도 좋았던 자공은 자신에 대한 공자의 평가가 다소 야박했다 하더라도 그것을 감당할 만한 인물이었다. 자공이 스승께 올린 말은 자신만만해 보인다.

"제가 남에게서 당하기 싫은 일은 저도 남에게 하고 싶지 않습니다我不欲人之加諸我也,吾亦欲無加諸人." 슬쩍 보면 "내가 당하기 싫은 일은 남에게도 하지 말아야 한다己所不欲 勿施於人"와 별 차이가 없어 보인다. 그런데 원문을 비교하면 표현의 차이가 확실하게 드러난다. 공자가 직접 설명했던 〈위령공〉편 23장은 자기가己 하고 싶지 않은 일所不欲을 남에게於人 하지 말라勿施고 풀이된다. 공자가 자공에게 서를 설명하며 명령형과 동시에 금지형 또는 부정형으로 표현한 것이다. 그에 비해 〈공야장〉편 11장에서 자공은 "아불욕我不欲"과 "오역욕吾亦欲"이라는 대구對句 형식을 보여 주고 있다.

여기서 "내가 원하지 않는 것我不欲"은 "남이 나에게 가하는 것人之加諸我"이다. 가해加害 또는 가학加虐이라는 말에 '더하다'는 의미의 가加가 사용되는 것처럼, 《논어고금주》에서 정약용은 이 글자에 대해 부정적 의미를 먼저 소개하지만, 해석에 있어서는 가를 부정적으로 보지 않고 오히려 '베풀다'라는 뜻의 시施와 같은 의미라고 단정 지었다. 일부러 중립적으로 보았을 가능성이 있다. 부정적으로 해석하면 '공감'의 부정적 측면이 강조될 것을 우려한 듯싶다.

자공이 말한 이 문장은 공감에 대한 표현이자 동시에 자유에 대한 표현으로도 볼 수 있다. '남人'이 나에게 가하는 것을 원하지 않는다면, 나 역시 남에게 '가하지 않고無加' 싶다, 즉 내가 원하지 않는 것을 다른 사람이 나에게 강요할 수 없는 것이 곧 자유의 핵심개념이기 때문이다. 또한 나 역시 다른 사람이 바라지 않는 것을 가하지 않겠다는 것은 공감적 '책임'으로 해석할 수 있다. 그러니까 이 문장은 자유와 공감, 책임을 한 번에 다루며 동양윤리의 중요한 기반을 제공한다. 그럼에도 "기소불욕 물시어인"에 비해 임팩트가 떨어져서인지 많은 사람들은 이 문장을 주목하지 않았다. 하지만 '혐오 시대 극복을 위한 공감'이라는 강력한 감정 능력을 동양고전을 통해 설명하자면 가장 중요한 문장이라고 할 수 있다. 원문의 문장 구조도 대구로 다시 분석해 보면 다음과 같이 정리할 수 있다.

我不欲人之加諸我也。			
我不欲 (나는 원하지 않는다)	人之 (다른 사람이)	加 (가하는 것을)	諸我 (나에게)

吾亦欲無加諸人。			
吾亦欲 (나도 원한다)	X	無加 (가하지 않는 것을)	諸人 (다른 사람에게)

"기소불욕 물시어인"이나 〈옹야〉편 28장의 "기욕립이립인己欲立而立人"이 다소 추상적이라면, 이 문장은 대구 형식을 통해 '공감의 윤리학'을 명확하게 공식으로 나타낸다. 요는 형식이 아니라 '다른 사람이 나에게 가하는 것'이라고 막연하게 표현된 내용이 무엇이냐는 것이다. 그 내용은 앞 장에서 설명한 입立과 달達이다. 무언가를 수립하고자 하는 욕망, 어딘가에 도달하고자 하는 욕망은 긍정적이다. 인류는 서로 간의 입과 달에 대해 공감해 왔

기 때문에 여기까지 진보할 수 있었으니 말이다.

민주주의, 자유주의 같은 가치들은 두말할 필요 없는 인류의 중요한 목표다. 그러나 현대인들을 더 자극하고 실제로 움직이게 하는 가치는 경제적 가치다. 맹자는 이를 일찍이 "유항산자유항심有恒産者有恒心"이라고 했다. 일정한 수입[恒産]이 있는 사람은 일정한 마음[恒心]을 갖는다. 다시 말해 생활이 안정되어야 바른 마음이 든다는 뜻이다. 외교 문제도 사실상 경제적 이유가 대부분이고, 사회 안에서 계층 간의 갈등도 내면을 들여다보면 대체로 그렇다. 이미 민주주의, 자유주의 같은 정치 이념들이 경제적 민주주의, 경제적 자유주의라는 경제 이념으로 이식되었다.

물론 사람이 살아가는 데 있어서 경제는 가장 기본적인 문제다. 공자의 제자 가운데 이 사실을 누구보다 잘 파악했던 인물은 당연 자공이다. 맹자는 증자와 자사의 정통성을 계승한 것으로 분류되지만, 경제 측면에서는 자공의 이념도 계승했다고 볼 수 있다. 물론 공자도 자공을 통해 경제의 중요성을 강조했다.

〈안연〉편 7장에서 자공이 정치의 핵심에 대해 물었을 때 공자는 "식량을 풍족하게 하고 군비를 충족하게 하여 백성이 믿게 한다足食足兵民信之矣"라고 답했다. 식량[食]은 의식주를 모두 포함하는 경제생활의 기본 요소를 말한 것이다. 의식주 문제는 동서고금 인류의 보편적 문제다. 그러니까 〈공야장〉편 11장의 문장 속 욕망의 막연한 대상에 의식주를 넣어도 틀리지 않는다. '내가 입고 싶지 않은 것, 먹고 싶지 않은 것, 살고 싶지 않은 곳을 다른 사람에게 강요하지 않겠다'라는 내용으로 읽으면 왜 현대 사회에서 국가 간, 계층 간 또는 젠더 간 갈등이 존재하는지 쉽게 파악할 수 있다. 의식주 등 자원의 분배가 공정하지 않아서다. 이렇듯 갈등의 원인을 파악하는건 어렵지 않다. 진정한 문제는 갈등을 해결하는 것이 어렵다는 데 있다. 그래서일까, 자공의 야심 찬 주장에 공자는 이렇게 대답한다.

사야, 그것은 네가 미칠 수 있는 영역이 아니다.
賜也。非爾所及也。

그 해결책은 자공이 미칠 수 있는 영역[所及]이 아닌[非] 것이다. 이미 우리도 근현대사를 통해 경험했을 뿐만 아니라 지금도 사회 갈등의 국면 속에서 방법의 부재를 절감하고 있다. 의식衣食과 관련된 갈등은 대량생산을 통해 많은 부분 해결되었지만 거주[住]의 문제, 즉 부동산 문제는 여전히 한 사람의 깨우침으로 '미칠 수 있는 영역'이 아니다. 내가 원하는 곳에 살고 싶은 욕망은 좀처럼 해결될 기미가 보이지 않는다.

우리 사회에서 발생하는 거주의 문제에 자공이 제시한 '욕망과 공감의 윤리학'을 실제로 적용해 보라. 이게 얼마나 이상적인 주장인지 금세 알 수 있다. 집주인이 세입자 입장에 서서, 크게 손해 보지 않는 선으로 세를 낮춰 주는 방법밖에 없기 때문이다. 반면 세입자는 집주인 입장을 헤아리기 쉽지 않다. 적당히 올랐다면 대출을 더 받아서라도 살던 곳에 계속 거주하고 싶은데, 집주인의 제안은 형편을 넘어설 때가 많다. 결국 한쪽에게 역지사지를 바라는 수밖에 없는 셈이다. 욕망에 있어서도 공감이 중요하게 여겨질 수밖에 없다.

〈공야장〉편 11장과 〈위령공〉편 23장은 의미상으로 서에 대한 풍부한 자료를 제공했지만, 또한 문헌학적으로 적지 않은 문제도 남겼다. 〈위령공〉편 23장의 "내가 당하기 싫은 일은 남에게도 하지 말아야 한다己所不欲 勿施於人"라는 문장과 〈공야장〉편 11장의 "제가 남에게서 당하기 싫은 일은 저도 남에게 하고 싶지 않습니다我不欲人之加諸我也 吾亦欲無加諸人"라는 문장은 표현 방식이 다를뿐더러 공자의 태도까지 포함해 여러 부분에서 상충된다. 심각한 차이를 발견할 수 있기 때문에 둘 중 하나는 잘못된 기록일 경우나, 전승 과정에서 오류가 생겼을 가능성도 있다.

　〈위령공〉편에서 공자는 자공에게 평생에 걸쳐 실천할 한마디로 서를 말했다. 그런데 〈공야장〉편 11장에서 자공이 먼저 서의 의미를 내포한 사람 간 '욕망의 공감'을 이야기하자, 이에 공자는 부정적인 입장을 표명했다. 간단히 말하면 공자 스스로 욕망의 공감을 긍정했지만 같은 내용으로 자공이 욕망의 공감을 말하자 '그건 네가 미칠 수 있는 영역이 아니다'라며 이를 부정한 것이다. 물론 500장章이 넘는 《논어》의 모든 문장이 일관성을 가지기란 어려운 일이다. 고대문헌이기 때문에 어느 정도 불일치할 수도 있다. 하지만 공감[恕]에 대한 공자의 모순적 태도와 불일치는 그만큼 '공감'의 영역이 가변적이라는 것을 반증하는 것이기도 하다. 왜냐하면 공감은 감정의 영역이기 때문이다. 그렇다면 공감의 윤리학을 구성하기 위한 일관성은 어떻게 확보할 수 있는가? 이것이 또 다른 핵심문제로 대두된다.

공감의 일관성(1)
일이관지一以貫之

정약용은 다작가답게 어린이용 학습교재도 여러 권 썼다. 그 가운데 대표적인 것이 《천자문千字文》을 대체하고자 만든 《아학편兒學編》이다. 《천자문》의 첫 단어가 "천지天地"로 시작해 "현황玄黃"으로 이어지는데 반해, 정약용은 《아학편》에서 바로 뒤잇는 단어를 "부모父母"로 바꾸었다. 실용적이고 실천적인 것을 추구했기 때문에 천지현황天地玄黃이 아닌 천지부모天地父母로 시작한 것이다.

정약용의 또 다른 어린이용 교재는 《소학주천小學珠串》인데, 제목만 보면 《소학小學》에 대한 해설서 같아 보이지만 실제로는 《아학편》같이 동양고전에 나오는 주요 단어들을 주제별로 정리한 단어집이다. 주천珠串이라는 것은 구슬꿰미를 뜻한다. 그러니까 《소학주천》은 실학적 입장에서 어린아이들이 한자어를 익히는 데 도움을 주고자 체계적으로 엮은 책이다. 이 《소학주천》의 서문을 보면 《논어》〈위령공〉편 2장이 인용되어 있다.

공자 : 사야! 너는 내가 많이 배운 지식인인 줄 아느냐?

子曰賜也。女以予。爲多學而識之者與。

자공 : 네, 그렇지 않은가요?

對曰然。

공자 : 그렇지 않다. 내 지식은 하나로 꿰뚫었다.

非與。曰非也。予一以貫之。

마지막에 공자가 말한 "여일이관지^{予一以貫之}" 속 일이관지^{一以貫之}는 〈이인〉편 15장에서 공자가 증자에게 던진 사자성어로 많이 알려져 있다. 그런데 이 구절은 〈위령공〉편 2장에도 똑같은 형식으로 한 번 더 등장한다. 〈이인〉편 15장의 대화는 다음과 같이 시작한다.

공자 : 삼아! 내 도는 하나로 꿰뚫었지.

子曰參乎。吾道一以貫之。

증자 : 네! 그렇습니다.

曾子曰唯。

〈이인〉편 15장에서 공자가 "내 도는 하나로 꿰뚫었다^{吾道一以貫之}"라고 말했던 것에 비해, 〈위령공〉편 2장에서는 "나는 하나로 꿰뚫었다^{予一以貫之}"라고 말하며 주어가 '내 도[吾道]'에서 '나[予]'로 바뀌었다. 이 둘은 엄연히 다르다. 《한글 논어》에서는 '내 지식'이라고 풀이했으나 원문은 그냥 '나'다. 물론 위에서 "다학이식^{多學而識}"이 언급되었기 때문에, 문맥상 학식 또는 지식으로 충분히 의역할 수 있다. 그런데 '내 도'와 비교해서 '내 지식'이나 '내 학식'은 조금 격이 맞지 않는 것처럼 보인다. 여기서 더 나아가 〈이인〉편 15장에서는 증자와 문인들의 대화가 이어진다.

> (공자가 나간 후) 제자들 : 무슨 뜻입니까?
>
> 子出。門人問曰何謂也。
>
> 증자 : 선생님의 도는 충심으로 미루어 생각하는 데 있을 따름이다.
>
> 曾子曰夫子之道。忠恕而已矣。

앞에서 공자가 "내 도"라고 말했기 때문에 그 내용에 대해 문인들은 궁금해하는 것이다. 그리고 여기서 증자는 자신 있게 "선생님의 도는 충서忠恕일 따름이다"라고 대답했다. 〈위령공〉편 23장에서 공자는 자공에게 직접 서恕 한 글자를 전수했는데, 증자 역시 선생님의 도가 충서라고 전달받은 것처럼 말하고 있다. 그런데 충서라는 글자는 《중용》 13장에도 나온다.

> 충서는 도와의 거리가 그리 멀지 않다.
>
> 忠恕違道不遠。
>
> 내게 베풀기를 원하지 않거든 그것을 남에게 베풀지 마라.
>
> 施諸己而不願。亦勿施於人。

《중용》은 성리학 전통에서 공자의 손자인 자사의 글로 여겨진다. 공자의 도가 증자에서 자사로 계승되었다는 정통성의 주요한 근거로 사용되는 글자가 바로 충서다. 사서의 나머지 책들인 《대학》, 《맹자》에서는 서로 나타나지만, 《중용》만 충서로 기록되었다는 점에서 자사가 증자를 계승했다는 주장이 가능해지기 때문이다. 그런데 충서를 설명하는 문장 구조가 《논어》 〈위령공〉편 23장의 "기소불욕 물시어인己所不欲 勿施於人"과 약간 차이가 있다. 기소불욕己所不欲의 '불욕不欲'과 짝을 이루는 부분이 '불원不願'으로 바뀌어 있는데, 욕欲과 원願은 모두 '바라다'라는 의미이므로 크게 문제는 없다. 이러한 《중용》에 대한 해설서로 정약용은 유배 말기 무렵 다산초당에서 《중용자잠中庸自箴》을 저술했는데, 여기에서 또다시 서의 중요성을 가리킨다.

경계해 말하건대 중용의 도를 행하고자 한다면 서恕가 아니고는 불가능하다.
箴曰欲行中庸之道者。非恕不能。
서 한 글자는 만사만물을 꿰뚫을 수 있다.
一恕字可以貫萬事萬物。

(⋯⋯)

서는 하나로써 만 가지를 꿰뚫는 것이다.
恕者以一而貫萬者也。
충서忠恕라고 말하는 것은 중심中心으로 서를 행하는 것이다.
謂之忠恕者。以中心行恕也。

이렇게 정약용은 서를 두고 "중용의 도를 행하고자 한다면欲行中庸之道者 서가 아니고는 불가능하다非恕不能. 서라는 글자 하나로 만사만물을 꿰뚫을 수 있다―恕字可以貫萬事萬物"라고 설명했다. 이것은 증자의 "일이관자―以貫之"의 의미를 그대로 인용한 것이나, 동시에 그 '공자의 도를 하나로 꿰뚫는 충서'의 핵심이 다름 아닌 서라고 강조한 것이다.

사실 정약용은 이미 20대 초반이었던 1784년에 정조의 명을 받아 《중용》에 대한 연구서로 《중용강의中庸講義》를 제출한 적이 있다. 이는 정약용의 단독 저술이 아니고, 초창기 조선 천주교의 핵심인물이었던 광암曠菴 이벽李蘗. 1754~1785과 함께 《중용》의 천주교적 해석을 시도했던 독특한 연구였다. 이쯤에서 《중용》에 대한 정약용의 저서 순서를 정리해 보자. 그는 《중용강의》를 먼저 쓰고, 《중용자잠》을 유배지에서 저술했다. 덧붙여 《중용강의보中庸講義補》는 앞선 《중용강의》를 수정·보완한 책이다. 그런데 가장 먼저 쓰인 《중용강의》에서 정약용은 증자의 "일이관자―以貫之"를 비판했었다.

일관―貫이라는 뜻에 대해 증자는 그 당시 많은 사람에게 분명하게 밝혔다. 선유先儒들은 그 말이 비근하다고 혐오하여 반드시 인륜人倫의 밖 천지만물을 통틀어 고묘高妙한 논의를 광범위하게 일삼았고, 충서를 추적粗跡이라고 하니 이 말은 후학들에게 깊은 한을 안겨 주었던 것이다.

一貫之義。曾子當時。明白示衆。先儒嫌其說卑近。必於人倫之外。通執天地萬物。廣爲高妙之論。直以忠恕爲粗跡。此後學之深恨也。

조금 더 정확히 말하면 증자가 일관―貫을 충서라고 말한 것 자체에 대해 비판한 것은 아니다. 정약용의 비판은 성리학자들을 향해 있다. 위 내용을 정리하자면 성리학자들이 '흔히 보고 듣는 만큼 쉽고 실생활에 가깝다[卑近]'는 이유로 충서를 혐오[嫌]한 나머지, 어설프게 고상한 의미를 부여해서 후학들을 힘들게 했다는 뜻이다. 충서는 물론이고 서 역시 그 자체로 어려운 말이 아니다. 어떤 철학적 의미를 가진 말이 아니라 우리가 흔히 역지사지라고 하듯이 '공감', '이해' 정도로 받아들이면 된다. 그런데 성리학자들은 공자의 도道가 그렇게 쉬운 말로 사용되는 것을 싫어했다. 그래서 그들은 충서에서 공감보다 효성孝誠에 더 잘 부합하는 충성忠誠의 미덕을 강조하여 서의 본질을 망치고 말았다. 정약용은 그런 성리학자들의 엘리트주의적 사고로 인해 서의 의미가 희미해진 것을 비판한 것이다.

과거나 지금이나 엘리트주의는 지식에 대한 독점을 기반으로 한다. 조금 더 넓혀서 말하면 지식 정보의 패권화霸權化가 곧 엘리트적 독재 의식이다. 정약용은 그러한 성리학자들의 지식 패권을 강하게 비판해 왔었다. 이벽을 비롯한 초기 천주교인들과 친분이 깊었던 정약용에게 많은 영향을 미친 성호星湖 이익李瀷, 1681~1763의 문인들은 서학 수용에 적극적이었고, 개중 천주교에 우호적인 사람들이 있었다. 정치적 입지가 탄탄하지 않았던 남인南人들로서는 어쩌면 자연스러운 선택이었다. 이미 노론老論에서 성리학에 대한 지식 패권을 장악했으니, 남인들이 새로운 대안으로 서학에 몰두하는 것은 지극히 당연하다. 그러나 16세기에 중국 명나라에서 유행하던 양명학이 조선에서 배척당했던 것처럼, 18세기 청나라를 통해 들어온 서학 또한 배척을 당했다. 천주교적 해석이 들어간 《중용강의》를 집필한 정약용 역시 서학을 신봉했다는 죄목으로 유배를 가게 되었다.

정약용은 혐오의 시대를 처절하게 경험했다. 충서에 대한 해설을 통해 기존 성리학자, 더 정확하게는 노론의 지식 패권에 대해 비판할 수밖에 없는 상황을 겪었다. 정약용 본인도 지식인 계층에 속하고 지식에 대한 집착도 강했으며 실제로 많은 자료를 입수하고 분석했지만, 그는 지식의 엘리트화가 아닌 '지식의 민주화'를 지향했다.

우리가 공자와 자공의 대화와 그에 대한 정약용의 해석에서 확인할 수 있는 것은 많이 배우고[多學] 많이 아는 것[多識]이 중요하지 않다는 사실이다. 공자도, 자공도, 정약용도 그들이 쌓아 올린 모든 지식을 하나로 꿰뚫을 수 있는 공감[恕]에 주목했다는 것을 기억해야 한다.

분노와 과실
불천노 불이과 不遷怒 不貳過

조선 유학자들 중에는 뚜렷한 사승師承 관계를 보여 주는 이도 있고, 사
숙私淑을 하거나 자득自得하여 학문의 경지에 오른 이도 있다. 정약용의 경우
성호 이익을 사숙했고 성호학파라 할 수 있는 이익의 제자들과 교류하며
가르침을 받았다. 정조와 정약용의 관계를 스승과 제자로 보기도 하지만,
왕과 신하의 관계이므로 분명한 사승 관계라고 하기는 어렵다. 그러나 정약
용은 제자들을 많이 배출했다. 18년이나 이어진 고단한 유배 상황에서도
정약용이 저술에 집중할 수 있었던 것은 두 아들을 비롯한 제자들의 활약
덕분이었다. 정약용이 가장 아꼈던 제자 황상黃裳, 1788~1863을 포함해 제자들
의 문집과 정약용의 문집에는 서로 교류한 흔적이 많이 남아 있다.

정약용의 제자들은 조선 중기에 형성된 퇴계학파나 율곡학파같이 조
선 사상사나 정치사에서 뚜렷한 족적을 남긴 학파로 성장할 수는 없었지
만, 그들은 《여유당전서與猶堂全書》의 완성만으로 그 역할을 충분히 감당했다
고 할 수 있다. 정약용의 저서들은 개인 저작물이 아니라, 제자들과 함께

만들어 낸 집단적 성과다. 공자 또한 제자들을 통해 자신의 학문을 완성했다. 스스로 남긴 책은 없지만, 제자들이 그의 학문을 계승하여 이후 수천 년이 이어지는 학문의 체계를 확립했던 것이다.

애공 : 학문을 좋아하는 제자는 누구입니까?

哀公問弟子孰爲好學。

공자 : 안회란 애가 있어 학문을 좋아했지요.

孔子對曰有顏回者好學。

〈옹야〉 2장

안연(안회)은 공자가 가장 아끼던 제자였다. 공자의 고국 노魯나라의 애공哀公이 제자 중에 누가 가장 학문을 좋아하는지 물었을 때 공자는 안연이라고 대답했다. 그런데 《논어》 속에서 안연에 대한 이야기는 이처럼 다른 사람의 입을 통해 간접적으로 전달된다. 더군다나 그렇게 등장하는 것조차 500개 장 가운데 20개 장에 그친다. 이는 약 40개의 장에서 대부분 대화의 주체로 직접 등장하는 자공과 대조적이다. 그리고 이렇게 대비되는 자공과 안연이 서로를 비교하는 대화도 있다는 점은 눈길을 끈다.

(자공에게) 공자 : 너와 회(안연) 중에 누가 더 나을까?

子謂子貢曰女與回也孰愈。

자공 : 제가 어찌 회를 당하리오까! 회는 하나를 들으면 열을 압니다.

對曰賜也何敢望回。回也聞一以知十。

저는 하나를 들으면 둘을 알고요.

賜也聞一以知二。

공자 : 그만은 못하지. 나나 너나 그만 못하지!

子曰弗如也。吾與女弗如也。

〈공야장〉 8장

여기서도 안연은 직접 등장하지 않는 반면, 자공은 공자의 상대로 등장해 대화를 나눈다. 먼저 공자가 자공에게 짓궂은 질문을 던졌다. 자공에게 콕 집어서 안연과 자공 둘 중에 누가 더 나은지 물어본 것이다.

《논어》에는 인물에 대한 평가가 심심치 않게 등장한다. 그리고 그런 인물평에 가장 많은 관심을 보인 사람이 자공이다. 자공은 선생에게 어떤 제자가 더 나은지 비교하는 질문을 하기도 하고, 역사적 인물에 대한 평가를 물어보기도 했다. 또 자신에 대한 평가도 궁금해했다. 공자가 자천에 대해 군자라고 평가했을 때, 자공이 자신은 어떠한지 물었다가 호련이라는 대답을 들었다는 이야기는 이미 앞에서 소개했다.

이렇게나 사람끼리 비교하기를 은근히 즐겼던 자공인데, 여기에서 또다시 자공 자신이 평가의 대상이 되었다. 중요한 것은 비교 대상이 안연이라는 것이다. 그리고 대화할 때 주로 자공이 질문을 던졌던 것과 달리, 이 대화에서는 공자가 먼저 운을 띄웠다. 어떤 상황에서 이 비교가 시작되었는지는 불분명하지만 대화 자체가 안연의 '탁월함'에 초점이 맞추어져 있다. 대화의 시작은 '자공과 안연, 누가 더 나은가[愈]?'라는 공자의 질문이다. 스승에게 이런 질문을 받는다면 대부분 겸양의 자세로 자신보다 다른 제자가 더 낫다고 대답할 것이다.

자공의 대답도 이러한 예상을 크게 벗어나지 않았다. 그런데 '안연이 더 낫습니다'라는 정도의 객관적인 평가를 하지 않고, '어찌 회를 당하겠습니까[望]!'라고 하며 안연이 자신과는 차원이 다른 인물인 것처럼 대답했다. 또한 안연과의 차이를 "문일이지십聞─以知十"과 "문일이지이聞─以知二"라고 구체화 했다. '하나를 들은 것[聞一]'은 안회나 자공이나 같은데, 앎[知]의 결과는 십十과 일二로 열 배 차이가 난다는 것이다. 이를 근거로 선비[士]를 '하나[─]를 들으면 열[十]을 아는 사람'으로 풀이하기도 한다. 그런데 이러한 해석은 사실 안연에게만 해당한다. 대개는 자공과 마찬가지로 하나를 들었을 때 둘을 깨닫는 것도 쉽지 않다. 들은 것을 잊어버리지 않고 그 하나라도 잘 간직할 수 있는 사람이라면 '선비'라고 할 수 있을 것이다.

아무튼 자공은 안연과 비교해서 스스로에 대해 '안회보다 십 분의 일만큼의 능력밖에 갖지 못했다'라는 겸손하다 못해 낯부끄러운 고백을 했다. 이러한 고백을 공자가 그냥 '그렇다'라고 받아 주었으면 진짜 자공은 그밖에 안 되는 사람으로 평가받을 것인데, 공자는 그렇게 답하지 않는다. 오히려 한 발 더 나아가 공자 자신도 마찬가지라고 대답한다.

겸양의 태도를 취한 자공도 대단하지만, 그것을 똑같이 인정한 스승 공자는 더욱 훌륭하다. 제자 사이에서 상대방을 높이는 것은 충분히 겸양의 덕으로 인정되지만, 스승의 위치에서 제자와 같은 겸양의 모습을 보여 주는 것은 예禮를 뛰어넘는 고결한 자세다. 자공 앞에서 공자가 이러한 모습을 보이는 것도 그가 자공에게 전수한 서의 단면이라고 할 수 있다.

이 대화를 통해 우리는 서를 두 측면으로 해석할 수 있다. 먼저 서의 기본 정의 가운데 부정 표현을 따라 '내가 다른 사람에게 나쁜 평가를 받기 싫은 것처럼, 다른 사람을 나쁘게 평가하지 말라'라고 볼 수 있다. 다음으로 정약용이 정의한 서의 긍정 표현인 "자신의 하고 싶은 바를 남에게 먼저 베풀어라己所欲 先施於人"라는 입장에서 '내가 다른 사람에게 좋은 평가를 받고 싶은 것처럼, 다른 사람을 먼저 좋게 평가하라'라고 읽을 수도 있다.

안연을 높게 평가한 자공은 서의 긍정적 해석을 적극 활용한 좋은 예시다. 또한 서에 대한 이런 접근은 공감의 동양문화적인 확대라고 할 수 있다. 보는 관점에 따라 겸양을 지나친 형식주의로 볼 수 있고, 객관적이고 공정하지 못한 평가라고 부정적으로 볼 수도 있다. 하지만 자공이 보인 겸양의 태도가 스승의 긍정적 평가를 받았다는 사실은 부정할 수 없다.

그런데 자공이 자신보다 열 배 이상 좋게 평가하는 안연은 도대체 어떤 면에서 탁월한 것인가? 〈옹야〉편 2장의 다음 내용은 이렇게 이어진다.

공자 : [안회는] 가난 속에서도 투덜대는 일이 없었고 허물도 두 번 다시 짓는 일이 없더니

不遷怒。不貳過。

불행히도 일찍 죽고 시방은 없습니다. 아직은 학문 좋아한다는 애의 이야기를 못 듣고 있습니다.

不幸短命死矣。今也則亡。未聞好學者也。

즉 안연의 뛰어난 면모는 "분노를 다른 사람에게 옮기지 않은 것不遷怒"과

"같은 실수를 두 번 범하지 않는 것^{不貳過}"이다. 이것이 자공 스스로 안연이 열 배 이상 탁월하다고 인정한 부분이냐고 묻는다면 꼭 그렇지는 않다. 그러나 자공의 겸손한 대답에서 서의 실질을 파악했듯이, 이에 비추어 "불천노 불이과^{不遷怒 不貳過}"에서도 서로써 새로운 해석을 끌어낼 수 있다.

욕구[欲]가 칠정, 즉 인간의 기본적인 일곱 감정 가운데 하나인 것과 마찬가지로 분노[怒]도 인간의 근본 감정이다. '분노조절장애'라는 말이 일반적으로 통용되는데(의학적인 정식 용어는 '간헐적 폭발성장애') 욕구와 마찬가지로 분노 자체로는 나쁜 것이 아니다. 상황에 따라 분노를 참거나 조절하는 것이 바람직한 것이지, 무작정 분노를 참는 것이 미덕은 아니다.

정약용은 "불천노^{不遷怒}"에 대해 "가난하고 고생스럽되 이를 원망하고 탓함이 없는 것^{不以貧苦而有怨尤}"이라고 설명한다. 《한글 논어》에서는 정약용의 주석을 반영해 "가난 속에서도 투덜대는 일이 없었다"라고 번역했다. 만약 그냥 '투덜대지 않았다' 라고만 하면 안연의 각 상황에 따른 뛰어난 대응의 면모가 잘 드러나지 않았을 것이다.

그런데 조선 유학자들의 이러한 해석을 접할 때마다, 고전을 현대적으로 재해석하는 입장에서 곤욕스러울 때가 있다. 가난하고 고생스럽다면 원망하고 무언가를 탓하는 것이 당연한 일인데, 이러한 자연스러운 감정을 부정하는 듯한 해석이 때로는 지나치게 현학적으로 보이기 때문이다. 안연이라고 해서 자신의 상황을 원망하지 않고 누군가를 탓하지 않았을까? 그도 분명 비슷한 감정을 가졌을 것이다. 그러나 안연은 원망[怨尤]을 분노라는 형식으로 다른 사람에게 표출하지 않았다. 그렇기에 그를 탁월하다 일컫는 것이다.

《논어》를 읽다 보면, 안연이 직접적으로 입을 열거나 어떤 감정을 표현하는 것을 볼 수가 없어서 그의 속마음은 어땠는지 문득 궁금해질 때가 있다. 그저 당하고만 있는 것 같은 사회적 약자의 모습에 연민이 들기도 하고, 말도 없고 감정도 잘 나타내지 않으니 비현실적 인물로 보이기도 한다. 게다가 자공이 '하나를 들으면 열을 아는 존재'라고 하니까, 마치 아무 감정도 없이 수많은 데이터를 분석하고 판단하는 인공지능 같은 존재처럼 생각되기도 한다. 심지어 그다음에 바로 이어지는 '같은 실수를 두 번 범하지 않는다'라는 문장마저 더해지면 사람이 아닌 신적인 존재로까지 보인다. 어쩌면 실수는 인간을 가장 인간답게 만들어 주는 특성이라 할 수 있기 때문이다. 물론 실수가 인간의 근본적인 속성 중 하나인데다 꼭 부정적이지는 않다고 해서, 모든 실수가 용납되는 것은 아니다. 그러니 안연과 같이 실수를 줄이려는 노력은 인품을 높이기 위해 분명히 필요하다.

공자는 안연에 대해서 '분노를 옮기지 않았고, 같은 실수를 두 번 반복하지 않았다'라는 말로 호학^{好學}했던 인물이라 평가했다. 심지어 안연 이후로는 호학하는 사람을 본 적이 없다고까지 단언했다. 언뜻 호학과 분노 또는 실수가 무슨 연관이 있나 싶을 수 있지만, 앞서 정약용이 "학이시습지^{學而時習之}"의 '그것[之]'을 서^恕로 해석했다는 사실을 떠올리면 잘 이해가 될 것이다. 안연은 사람들이 남에게서 분노당하기를 싫어한다고 마음 깊이 이해했기에 타인에게 분노를 옮기지 않았으며, 같은 실수를 여러 번 당하는 것도 싫어한다고 알았기에 두 번 실수하지 않았다고 해석할 수 있다. 타인에게 싫은 감정을 일으키지 않고자 스스로를 절제하고 다스리는 점이 공자와 자공이 안연을 제자 가운데 으뜸으로 꼽은 이유다.

매너의 승리

극기복례 克己復禮

"Manners Maketh Man."

영화 〈킹스맨〉의 명대사로 알려진 문장이다. 이 대사에서 사용된 영국 상류층의 발음으로 그들이 말하는 매너^{manner}가 어떤 형태인지 일부 포착할 수 있다. 매너를 우리 전통 용어로 옮기면 예禮일 것이다. 예 또는 예법은 프랑스식으로 에티켓^{etiquette}이라고 표현된다. 오늘날 우리는 우리말보다 외려 매너나 에티켓 같은 외래어를 더 많이 사용한다. 예는 오히려 '실례失禮합니다'라는 일상어로 그 사용 범위가 축소되었고, 그러면서 외래어를 남발하는 진짜 '실례'를 범하고 있다. 그럼 현대 사회에서 이렇게나 뜻이 좁아진 예는 본래 무엇이라 말할 수 있을까?

사욕私慾을 억누르고 예법禮法대로 실천하면 사람 구실을 할 수 있다.

克己復禮爲仁。

〈안연〉 1장

《논어》에서 예는 이른바 사람 구실을 하게 만드는 방법을 가리킨다. 그리고 예와 가장 밀접한 인물이 바로 앞서 다룬 안연이다. 안연은 《논어》에서 스무 장章에 등장하지만 그마저도 공자와 직접 대면해 대화를 나누는 장면은 매우 드물다. "극기복례克己復禮"라는 말로 유명한 이 〈안연〉편 1장은 그 얼마 안 되는 두 사람의 대화 중 하나다. 이 장에서 알 수 있듯 공자는 안연에게 인仁이란 곧 극기복례, 즉 사사로운 욕심을 이기고 예로 돌아가는 것이라 설명한다. 그런데 이 극기복례를 앞 장의 "불천노 불이과"에 대한 정약용의 설명을 염두에 두고 읽으면 다소 우울한 이야기가 된다.

공자의 아버지는 숙량흘叔梁紇이고 어머니는 안징재顔徵在다. 공자에게는 위로 이복형제가 있는데, 숙량흘의 장자長子에게 장애가 있어 안징재 사이에서 따로 얻은 자식이 공자라는 전설이 전해진다. 이러한 야합野合 이야기로 보아, 안징재는 출신이 미천했던 것으로 추정된다. 그리고 그러한 안징재와 혈연관계에 있는 제자가 바로 안연이다. 공자는 자신과 서른 살 정도 차이가 나며 동시에 외가 쪽 식구인 안연을 아들처럼 여기며 아꼈을 것이다. 타고난 성격이 성실했던 것인지, 안연은 배우는 것에 매우 열심이었다. 자공의 "문일이지십"이라는 평가를 보자면 안연이 공부에 대해서 탁월한 재능이 있던 것으로 미루어 짐작된다. 또한 "불천노"라는 공자의 평가로 볼 때 화내는 일이 거의 없는 온화한 성격이었을 것으로 추측할 수 있다. 그런 안연의 성정과 배경을 떠올리며 다시 〈안연〉편 1장의 이야기로 돌아가 보자.

안연이 사람 구실에 대하여 물은즉

顔淵問仁。

공자 : 사욕私慾을 억누르고 예법禮法대로 실천하면 사람 구실을 할 수 있으니

子曰克己復禮爲仁。

하루만 사욕을 억누르고 예법을 실천하더라도 천하 사람들이 모두 사람 구실을 하게 될 것이다.

一日克己復禮。天下歸仁焉。

사람 노릇을 하게 되는 것은 내게서 되는 것이지 남에게서 될 법이나 할 일이냐!

爲仁由己。而由人乎哉。

이 문장에서 안연은 공자에게 먼저 인에 대해 질문을 올렸다. 《논어》에서 공자에게 인을 묻지 않은 제자가 거의 없다. 자공도 〈위령공〉편 9장에서 인에 대해 물어보았다.

자공이 사람 구실 하는 방법에 대하여 물은즉

子貢問爲仁。

공자 : 공장이가 제 구실을 잘하자면 먼저 연장[器]을 잘 단속[利]해야 한다.

子曰工欲善其事。必先利其器。

그 나라에 있을 때는 그 나라 대부 중에 잘난 이를 섬기고

居是邦也。事其大夫之賢者。

그 나라 벼슬아치 중에 사람다운 사람과 사귀어야 한다.

友其士之仁者。

그런데 자공에게 준 답을 안연에게 한 대답과 견주어 보면, 자공 쪽에서는 예와 관련된 말이 나타나지 않는다. 그보다는 자공과의 대화에서 자주 등장하는 욕欲과 더불어, 자공과 잘 어울리는 이로움[利]이라든가 공자가 자공을 평했던 그릇[器]이라는 표현이 눈에 띈다. 반면 안연이 인에 대해 물었을 때는 예가 명확하게 강조되었다. 〈안연〉편 1장의 뒷부분은 다음과 같다.

안연 : 자세한 것을 일러 주십시오.

顔淵曰請問其目。

공자 : 예법대로가 아니면 보지 말고, 예법대로가 아니면 듣지 말고

子曰非禮勿視。非禮勿聽。

예법대로가 아니면 말하지 말고, 예법대로가 아니면 아무것도 하지 마라.

非禮勿言。非禮勿動。

안연 : 제가 비록 불민하지만 말씀대로 해 보겠습니다.

顔淵曰回雖不敏。請事斯語矣。

《논어》에서 예禮는 매우 중요한 개념이다. 보통 공자는 인仁, 맹자는 의義, 순자는 예禮를 강조했다라는 도식으로 짝지어져 있지만, 맹자가 순자에 비해 인의仁義를 강조하고 순자가 맹자에 비해 예의禮義를 강조하는 것뿐이지 인, 의, 예 모두 공자의 사상에서 중요한 개념이다. 그리고 《논어》에서는 특별히 안연을 통해 인과 예의 밀접한 관계가 부각되어 있다.

인과 예를 연결하는 지점에 왜 안연이 있었을까? 극기복례에 대해 《한글 논어》에서는 "사욕을 억누르고 예법대로 실천하는 것"으로 번역했다. 기己를 사욕으로 정의한 것은 주자의 해석이다. 욕欲 자체는 중립적이지만, '사욕' 또는 '인욕人欲'과 같이 사사로움[私] 또는 육체적[人]이라는 수식어가 붙으면 부정적인 의미를 띠게 된다. 성리학에서는 사보다 공公이 우선시되었고, 육체보다 마음[心]을 중요하게 여겼기 때문이다. 《논어고금주》에서 정약용도 기본적으로는 성리학 전통의 입장에서 이를 접근한다. 우선 극기克己의 기己에 대해 '나 자신[我]'이라고 설명하고, 두 몸과 두 마음을 이야기한다.

나에게는 두 몸[二體]이 있고 또한 두 마음[二心]이 있으니, 도심道心이 인심人心을 이기면 대체大體가 소체小體를 이기게 되는 것이다.

我有二體。亦有二心。道心克人心則大體克小體也。

도심道心과 인심人心은 오경五經 중 하나인 《서경書經》에 나오고, 대체大體와 소체小體는 사서 중 하나인 《맹자》에 나온다. 이것만 보아도 성리학에서 어떤 것을 중시했는지 익히 짐작할 수 있다. 동양사상에는 마음을 도심과 인심으로 나누고, 또한 몸을 대체와 소체로 구분하는 전통이 있다. 여기서 더 나아가 송대宋代 성리학자들은 본성[性]을 선천적인 본연지성本然之性과 후천적인 기질지성氣質之性으로 나누었다. 마음, 몸, 본성을 각각 두 가지로 설명했으므로, 이러한 흐름 속에서 조선 유학자들이 사단칠정四端七情 논쟁을 통해 감정[情]을 두 가지로 설명하려 했던 시도는 충분히 납득이 간다.

마음[心]	도심道心	인심人心
몸[體]	대체大體	소체小體
본성[性]	본연지성本然之性	기질지성氣質之性
감정[情]	사단四端	칠정七情

정약용은 《맹자》의 대체와 소체라는 용어를 자주 인용했지만, 〈안연〉편 1장을 설명할 때는 도심과 인심을 주로 다루었다. 몸과 마음을 각각 두 가지로 나눈 것은 서양에서 영혼—육체 관계를 이해하는 방식과는 매우 상이하다. 고대 그리스 철학의 영향을 받은 기독교 전통에서 육체는 부정적인 것으로, 영혼은 순수한 것으로 간주된다. 하지만 동양전통에서 마음과 몸은, 심지어 본성조차도 선과 악 두 가지 가능성을 모두 지니고 있다. 천주교의 영향을 받았던 정약용도 여기서는 육체와 영혼의 관계가 아니라, 성리학 용어인 욕慾과 도道의 관계를 통해 마음의 문제를 다룬다.

분명히 욕慾과 도道 두 가지는 마음속에서 싸워 승부를 겨루는 것이다.
明明慾道二物。心戰角勝。
《논어고금주》

이렇게 정약용은 마음의 문제를 다시 욕과 도의 문제로 전환시켰는데 욕은 사욕이나 인욕이라는 부정적 의미를 지닌 표현으로 사용했고, 도는 도심으로서 성리학의 최상위 개념인 천리天理와 통하는 맥락으로 사용했다. 성리학 전통에서 심성수양心性修養의 목표는 인욕을 소멸시키고 천리天理를 발현하는 것이기 때문이다. 그러나 이러한 일반적인 해설에 그치지 않고, 정약용은 다시 욕과 물勿을 통해 인심과 도심을 구분했다.

'하고 싶다[欲]'는 것은 인심이 그것을 하고 싶은 것이며, '하지 말라[勿]'는 것은 도심이 그것을 하지 말라는 것이다.

欲也者。人心欲之也。勿也者。道心勿之也。

저것은 하고 싶어 하고 이것은 하지 말라고 하니 둘이 서로 맞대어 싸워

彼欲此勿。兩相交戰。

하지 말라는 것을 이기면 이를 극기라 하는 것이다.

勿者克之則謂之克己。

《논어고금주》

사실 〈안연〉편 1장 원문에는 욕欲이 나오지 않고, 대신 기己가 등장할 뿐이다. 그리고 정약용은 이 기를 《논어고금주》에서 성리학 전통에 따라 '나 자신'으로, 더 나아가 주자를 근거로 사욕私欲으로 보았다. 반면 원문 속에 등장하는 물勿은 "예법대로가 아니면 보지 말고非禮勿視 예법대로가 아니면 듣지 말라非禮勿聽" 등 흔히 사물四勿로 일컬어지는 네 가지 금지 사항을 가리킨다. 왜 정약용은 〈안연〉편 1장을 굳이 원문에도 나오지 않는 욕과 원문에 네 번이나 반복되어 나오는 물을 대조하는 방식으로 설명했을까? 이를 이해하기 위해서는 《논어》의 핵심을 서恕로 본 정약용의 시각을 상기할 필요가 있다.

정약용은 의도적으로 〈위령공〉편 23장 속 "내가 당하기 싫은 일은 남에게도 하지 말아야 한다己所不欲 勿施於人"의 욕欲과 물勿을 끌어 와 〈안연〉편 1장 속 "극기복례"와 연결시켰다.

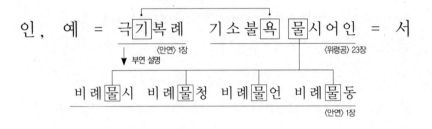

《논어》의 핵심인 인과 예에 대한 가르침을 안연에게 제시하는 부분인 〈이인〉편 1장을 자공에게 내려진 공자의 '평생에 걸쳐 실천해야 할 한마디'(〈위령공〉편 23장), 바로 서恕와 연결시킨 것이다. 이로써 정약용은 안연과 관련해 가장 유명한 극기복례도 서의 측면에서 재해석했다.

호모 엠파티쿠스(2)

기소불욕 물시어인 己所不欲 勿施於人

공자 : 옹雍은 임금 자리에 오름 직하다.

子曰雍也。可使南面。

〈옹야〉 1장

《논어》〈옹야〉편 1장의 참여자는 공자와 중궁仲弓이다. 중궁은 자字이고
성이 염冉, 이름이 옹雍이다. 《논어》에서 자왈子曰은 '공자께서 말씀하셨다'라
는 형식적인 말이기 때문에 보통 편명篇名은 '자왈' 다음의 글자로 삼는다.
그러니까 〈옹야〉편은 염옹冉雍, 즉 중궁에 대한 공자의 인물평으로 시작하
는 것이다. 여기에서 공자는 그를 매우 긍정적으로 평가하는데, "임금 자리
에 오름 직하다可使南面"라고 풀이한 구절의 남면南面이란 군주가 남쪽을 향
해 앉아 있는 것을 대유적으로 표현한 것이다. 조선 시대에도 유교적 전통
에 따라 왕은 남면하고, 신하들은 북면北面하였다. 즉 서로 대면한 것이다.
따라서 공자는 중궁이 충분히 군주가 될 재목이라 평한 것이다. 비록 그가

'왕이 될 상相'은 아니었어도 '왕이 될 덕德'은 갖추었다고 본 것이다. 그런데 이토록 뛰어난 자질을 지닌 중궁과 그 누구보다 호학한다며 공자가 극찬했던 안연 사이에는 평행이론이 발견된다. 단적으로, 중궁 역시 탁월한 재능에 비해 신분이 비천했다.

안연이 인에 대해 질문할 때, 공자는 "극기복례"라 답했다. 이는 신분이 미천하다는 이유로 다른 사람이 안연에게 무례無禮하게 실례失禮를 범하더라도 안연이 결코 예를 잃지 말고 알맞게 행동하라는 뜻이었다. 비천한 신분을 극복하는 가장 효과적인 방법이 예에 따라 보고 듣고 말하고 행동하는 것이니, 공자는 사랑하는 제자에게 일종의 맞춤형 처세술을 전수한 셈이다. 그런데 안연처럼 비천한 신분의 중궁이 인에 대해 물었을 때 공자는 안연에게 한 대답과 달리, 오히려 자공에게 전수해 준 말을 반복한다. 바로 "기소불욕 물시어인己所不欲 勿施於人"이다. 하지만 자공에게 한 말과는 맥락이 다르다.

중궁이 사람 구실에 대하여 물은즉

仲弓問仁。

공자 : 밖에서는 큰손님을 만나보듯 하고, 백성을 부리되 큰제사를 받들 듯하며

子曰出門如見大賓。使民如承大祭。

내가 당하기 싫은 일은 남에게도 하지 말라.

己所不欲。勿施於人。

그러면 나라에서도 원망을 안 듣고 집안에서도 원망을 안 듣게 될 것이다.

在邦無怨。在家無怨。

중궁 : 제가 비록 불민하지만 말씀대로 해 보겠습니다.

仲弓曰雍雖不敏。請事斯語矣。

〈안연〉 2장

우선 공자가 자공에게 서를 말했을 때는 군주로서 갖추어야 하는 덕목으로 제시한 것이 아니었다. 물론 자공도 유학자이기 때문에 잠정적으로 군주의 덕목도 여기 포함되는 것이 맞다. 하지만 그가 전수받은 서는 군주에 국한되지 않고 평등한 관계에 필요한 보편적인 도덕의 근거로 확장되는 미덕이었다. 반면 중궁에게 전해진 서에는 군주 또는 재상의 위치에 있는 권력자의 덕목이라는 성격이 뚜렷하게 나타난다. 그러한 해석의 근거로 주자는 《논어집주》에서 경敬을 제시했다.

원래 경은 《논어》에서도 경천敬天 또는 경귀신敬鬼神과 같이 초자연적 존재에 대한 경건敬虔을 뜻하는 용어였다. 그런데 예에 관한 최고의 경전인 《예기禮記》는 첫 문장을 "무불경毋不敬"으로 시작하며 이내 "안민安民"을 언급한다.

공경하지 않는 것이 없어서, 단정하고 엄숙하기를 무언가 생각하는 것같이 하며

毋不敬。儼若思。

말을 안정하게 한다면 백성을 편안하게 할 수 있을 것이다.

安定辭。安民哉。

《예기》는 단순히 예에 대한 해설서가 아니라, 예를 통해 어떻게 사회적 갈등을 해소할 수 있는지를 알려 주는 규범서다. 예는 기본적으로 '분별'을

지향한다. 사회 구성원들을 계급과 계층이라는 일종의 '급級'으로 나누고 제한된 사회적 재화에 대한 욕망을 각 급에 맞게 적절히 분배하는 것이 바로 예의 기능이다. 폭력 사태 없이 사회적 갈등을 해결하고자 했던 옛 성인의 진심을 가상하게 보지 않을 수가 없다.

그러나 백성들이 공정한 분배가 이루어지지 못한다는 차별을 느끼게 되면 더 이상 예는 사회 통합의 기능을 할 수가 없다. 이러한 경우에 종종 음악[樂]이 사회 통합의 기능을 한다. 오늘날에도 스포츠 행사나 문화 공연을 통해 적대국 사이에 평화를 도모하는 것은 이러한 악樂의 기능이 이미 오래 전부터 검증되었기 때문이다.

예와 악은 이와 같이 양陽과 음陰으로 사회 분열이나 사회 갈등을 해소시켰지만, 양의 성질을 지닌 예를 시행할 때 통치자는 특히 신중해야 한다. 실례를 범하면 적국 간의 전쟁은 물론이고 계층 간에도 폭력 사태가 발생할 수 있기 때문에, 매우 진지하게 예를 다루어야 했다. 이렇게 사람을 대할 때 신중하고 진지한 태도가 곧 경이다. 마땅히 지배자들도 민심民心을 천심天心으로 여겨 공경恭敬스럽게 백성을 대해야 하는 것이다.

〈안연〉편 2장을 설명하며 주자는 "밖에서는 큰손님을 만나보 듯하고出門如見大賓"와 "백성을 부리되 큰제사를 받들 듯하며使民如承大祭"라는 두 개의 문장을 경과 관련된 것으로 풀이했다. 정약용도 주자의 관점에 동의하면서 두 가지 경의 형태에 대해 자세한 설명을 덧붙인다.

문밖을 나서서 보게 되는 사람은 길을 가는 사람이고, 윗자리에 앉은 사람이 부리게 되는 사람은 밭이랑에서 농사짓는 백성이다. 행인을 볼 때 공후公侯를 접견하듯이 하고, 소민小民을 부릴 때 체禘·교郊의 제사를 받들 듯이 하면, 이는 경敬의 지극함이다.

出門所見者。行路之人也。居上所使者。畎畝之氓也。見路人如見公侯。使小民如奉禘郊。敬之至也。

《논어고금주》

정약용은 큰손님[大賓]을 제후 중에서도 가장 높은 등급인 '공후'라고 하였고, 큰제사[大祭]는 '체제禘祭·교제郊祭' 같은 중요한 국가적 제사라고 설명했다. 길을 가는 사람을 공후처럼 대하고 백성을 부릴 때 체제·교제를 받들 듯이 하라는 것은 피지배 계급을 대할 때 가볍게 접근하지 말고 무겁고 신중하게 대하라는 의미다. 이것이 경의 가장 높은 경지다. 그러한 의미의 경과 〈안연〉편 2장 속에서 짝을 이루는 것이 "기소불욕 물시어인"이다. 이게 바로 서다. 모자람이 없는 중궁이기에 공자는 그에게 군주로서 필요한 덕목인 경과 서를 전수해 준 것이다.

그런데 조선에서 경과 함께 주로 강조된 것은 의義다. 유교 삼경 중 하나인 《주역周易》에도 경과 의를 함께 다룬 구절이 등장한다. "경으로써 안을 곧게 하고 의로써 밖을 방정하게 한다敬以直內 義以方外"라는 문장인데, 남명南冥 조식曺植. 1501~1572이 이 말을 인용해 경의검敬義劍이라는 긴 칼을 차고 다닌 것으로 널리 알려져 있다. 즉 안으로는 경敬을 수양하고 밖으로는 의義를 표출하는 것이 중요한 하나의 흐름이었다.

그러나 정자^{程子}는 "극기복례"와 "주경행서^{主敬行恕}"를 《주역》의 건곤^{乾坤}의 도에 비유해 전자가 건도^{乾道}, 후자를 곤도^{坤道}라 말하기도 했다. 이 둘의 관계를 마음속에 가지고 있는 뒤에야 건도와 곤도가 밖으로 드러나니, "극기복례"는 건도로써 수양하고 "주경행서"는 곤도로써 표출된다고 설명한 것이다.

정약용은 묘지명 형식의 회고록인 〈자찬묘지명^{自撰墓誌銘}〉에서 경과 관련해 성^誠을 이렇게 설명하며 경, 서, 예, 인 등 이 모든 주요한 개념들을 한 번에 연결해 조직화했다.

성^誠이란 서^恕를 성실히 행하는 것이고 경^敬이란 예^禮로 돌아오는 것이다. 이것으로써 인^仁을 하는 것은 성^誠과 경^敬이다.
誠也者。誠乎恕也。敬也者。復乎禮也。以之爲仁者。誠與敬也。

성실[誠]은 서에 대해 성실한 것이고, 경건[敬]은 예로 돌아가는[復] 것이다. 결론적으로 인은 성과 경으로 행한다는 뜻을 지닌다. 앞서 정자는 "경을 위주로 서를 실천하는 것"이라 주장했는데, 정약용은 더 나아가 '성실하게 공감하는' 서와 '예로 돌아가는' 경을 통해 인을 행할 수 있다는 주장을 전개한다. 여기서 우리는 사람이 사람을 대함에 있어 공감[恕]이 경건[敬]과 어떤 관계가 있는지 생각해 볼 수 있다.

제2부

정약용, 공감을 말하다

공감의 일관성(2)
오도일이관지 吾道一以貫之

《논어》 20편을 482장으로 엮은 주자의 《논어집주》와 달리 정약용이 1813년에 완성한 《논어고금주》는 488장으로 구성되어 있다. 그리고 175장으로 구성된 〈원의총괄原義總括〉로 시작한다. 이것은 새로이 구성한 《논어》 488장 중 175개의 장에 대한 정약용 자신만의 특별한 관점을 반영한 것이다. 〈원의총괄〉 28번째 항목은 〈이인〉편 15장을 다루는데, 다음과 같이 그 내용을 소개한다.

'일이관지一以貫之'는 혈구지도絜矩之道의 서恕이지 도道를 전하는 비결이 아님을 논변한다.

辨一以貫之。卽絜矩之恕。非傳道之訣。

《논어고금주》

이렇게 정약용은 일이관지는 서라고 하면서 구체적으로 "혈구지서絜矩之恕"

라고 표현했다. 이 말은 《대학》에 나오는 "혈구지도絜矩之道"를 인용한 것이다. 그래서 이 '혈구지서'에 대한 정약용의 구체적인 설명은 《대학강의大學講義》에 나온다(이것에 대해서는 다음 장에서 자세히 소개하고자 한다).

정약용은 이렇게 말했다. 일이관지는 도를 전하는 비결[傳道之訣]이 아니[非]다. 그러니까 〈이인〉편 15장에서 말하는 공자의 도는 공자에서 증자, 자사, 맹자로 이어지는 학문적 또는 사상적 계보와 관련이 없다는 것이다. 앞서 1부에서 보았던 〈이인〉편 15장 전문을 다시 한번 살펴보자.

> 공자 : 삼아! 내 도는 하나로 꿰뚫었지.
>
> 子曰參乎。吾道一以貫之。
>
> 증자 : 네! 그렇습니다.
>
> 曾子曰唯。
>
> (공자가 나간 후) 제자들 : 무슨 뜻입니까?
>
> 子出。門人問曰何謂也。
>
> 증자 : 선생님의 도는 충심으로 미루어 생각하는 데 있을 따름이다.
>
> 曾子曰夫子之道。忠恕而已矣。
>
> 〈이인〉 15장

《논어》에서 서가 등장하는 첫 번째 부분은 〈이인〉편 15장이고, "기소불욕 물시어인己所不欲 勿施於人"이라는 구절이 있는 〈위령공〉편 23장은 두 번째이자 마지막으로 등장하는 부분이다. 〈이인〉편 15장에 대한 정약용의 해설은 다음과 같이 시작한다.

도道는 사람의 도이다. '오도吾道'라고 말한 것은 몸소 이를 짊어지고 있기 때문이다. 일一이란 서恕고, 관貫이란 '꿰뚫는다'라는 뜻이다. 서를 행하려 충忠으로써 하였기 때문에 공자는 서만 말하였고, 증자는 충서忠恕를 이어서 말하였다.

道。人道也。謂之吾道者。身任之也。一者。恕也。貫。穿也。行恕以忠。故孔子單言恕。而曾子連言忠恕也。

《논어고금주》

첫 문단에서 도와 일, 관 등 용어에 대한 정의를 내리고 있는데, 여기서 중요한 것은 "충忠으로써 서恕를 실천하다行恕以忠"라는 표현이다. 성리학자들은 충에 대한 일종의 강박관념이 있어서인지 충을 훨씬 중요시하고 서를 가볍게 여기는 전통이 있었다. 그러나 정약용은 "행서이충"이라고 하면서 충으로써[以忠] 서를 실천하는 것[行恕]을 주장했다. 행사行事, 즉 실천을 더 중요하게 보았기 때문에 충보다 서를 더 강조한 것이다. 이어서 이 두 개념을 《주례周禮》를 통해 더 자세히 설명한다.

《주례》의 소疏에 이르기를 "마음 가운데를 다하는 것을 충忠이라 하고, 내 마음과 같이 하는 것을 서恕라 한다"라고 하였다. 대개 '마음 가운데를 다하여 사람을 섬기는 것'을 충이라 하고, '남의 마음 헤아리기를 내 마음과 같이 하는 것'을 서라고 한다.

周禮疏云中心爲忠。如心爲恕。蓋中心事人。謂之忠。忖他心如我心。謂之恕也。

《논어고금주》

충忠을 파자破字하면 중中과 심心으로 분리된다. 이를 염두에 둔 정약용은 여기서 충이란 "마음 가운데를 다하는 것"이라고 설명한다. 서恕 역시 여如와 심心으로 구성된 말이기에 "내 마음과 같이 하는 것"이라고 뜻을 풀었다. 그리고 서에 대해서 "다른 사람의 마음 헤아리기를 내 마음과 같이 하는 것忖他心 如我心"이라고 풀었다. 여기서 촌忖은 추推와 같은 의미로서, 즉 '헤아리다', '미루어 생각하다'라는 뜻을 지니고 있다.

일반적인 생각으로는 공감共感을 감정[感]을 공유[共]하는 것이라고만 여기기 쉽다. 그러나 서를 '촌서忖恕' 또는 '추서推恕'로 이해하면 감성의 영역뿐 아니라 이성의 영역으로 확장할 수 있다. 내가 경험한 것이 아니어도 합리적 사고를 통해 다른 사람의 마음을 헤아리는 것이 단지 공감에 한정되지 않는 넓은 의미의 서다.

《논어》에서 두 번째로 서가 언급되는 〈위령공〉편 23장에서 자공이 공자에게 요청한 '평생 실천해야 한마디'에 대한 정약용의 부연 설명은 다음과 같다.

종신토록 행한다는 것은 무릇 어버이를 섬기고 임금을 섬기는 것에서부터 형제 사이에 우애하고 붕우 사이에 사귀는 것과 백성을 기르고[牧民] 민중을 부리는 것에 이르기까지, 한번 사람과 사람이 서로 응접하면서 한결같이 이 하나의 서恕로써 행한다는 것이니, 이것이 '일관一貫'이 아니고 무엇이겠는가?

終身行之。則凡事親事君處兄弟與朋友牧民使衆。一應人與人之相接者。一以是一恕字行之也。此非一貫而何。

《논어고금주》

증자가 공자의 일관지도一貫之道에 대해 충서忠恕라는 두 글자로 말했다고 해서, 그것이 충忠과 서恕로 나누어지는 것이 아니다. 정약용은 부모와 자녀, 군주와 신하, 형제와 자매, 친구 등 대표적인 인간관계를 예로 들면서, 모든 관계에서 한결같이 하나의 서恕로 실천할 것을 강조하고 있다.

이 중에서 눈에 띄는 것은 "목민牧民"이라는 표현이다. 아직 《목민심서》가 쓰이기 전이지만 이미 정약용이 목민관牧民觀의 중요한 자질로 서恕를 염두에 두고 있었음을 알 수 있다.

그러나 공자의 일이관지가 서 한 글자라는 주장은 반박을 피하기 어렵다. 가장 큰 걸림돌은 《논어》〈이인〉편 15장과 《중용》이다. 《중용》 13장에도 충서라는 표현이 나타나기 때문이다. 그러나 정약용은 《중용》의 충서도 "하나의 서一恕字"로 풀이해야 한다고 주장했다.

공자는 본래 '일이관지'라고 말하였는데, 증자가 '충서忠恕' 두 자字를 말하였다. 그러므로 학자들은 둘이지 하나가 아님을 의심한 것이다. 그러나 《중용》에 이미 "충서는 도와 거리가 멀지 않다"고 하였고, 또 그 뜻을 풀이하는데 이 하나의 서恕로써 하였을 뿐이니, 충서는 곧 서다. 본래 나누어 둘로 할 필요가 없는 것이다. '일이관지'는 서요, 서를 행하는 것은 충이다.

夫子本云一以貫之。而曾子乃言忠恕二字。故學者疑二之非一。然中庸旣云忠恕違道不遠。而及其釋義。仍是一恕字而已。則忠恕卽恕。本不必分而二之。一以貫之者恕也。所以行恕者忠也。

《논어고금주》

유학자들에게 《중용》은 공자의 도를 이어받은 자사의 글이다. 그런데 정약용은 자사가 받았다는 그 일이관지[道]에 대해 충과 서가 아니라 서 하나라 말한 것이다. 그는 여기서 한걸음 더 나아가 도통론의 핵심인 이 '충서'가 등장하는 〈이인〉편 15장을 해석하며 도통론 자체를 전면 부정한다.

이 장은 도道를 전하는 비결[訣]이 아니다. 유가儒家에서는 도를 전하는 법이 없다. 그러나 하나의 서恕 자를 잡고서 《논어》, 《중용》, 《대학》, 《맹자》에 임할 때 그 천만 마디 말들이 이 하나의 서 자의 풀이가 아닌 것이 없다. 공자의 도는 참으로 이 하나의 서일 따름이니, 여기에 이를 다 열거할 수 없다.

此章非傳道之訣。儒家無傳道法也。然執一恕字。以臨論語中庸大學孟子。其千言萬語。無非一恕字之解。夫子之道。眞是一恕字而已。今不能悉數。

《논어고금주》

〈이인〉편 15장이 도통론의 주요 근거라는 것을 부정해도 다른 유학자들의 비난을 면하기 어려운데, 정약용은 심지어 "유가儒家에는 전도법傳道法이 없다"라고 단언하며 성리학의 도통론 자체를 부정하기에 이르렀다. 그러고는 《논어》, 《중용》, 《대학》, 《맹자》 등 사서의 모든 문장이 "서恕 한 글자에 대한 풀이恕字之解"라고 강조한 것이다. 《논어고금주》에서 〈이인〉편 15장에 대한 해설을 결론지으며 정약용은 다음과 같이 정리한다.

자신을 다하는 것을 충忠이라 하고, 자신을 미루어 나가는 것을 서恕라고 한다. 그러나 충서忠恕는 대대對待의 두 물物이 아니다. 서는 근본이 되고, 이를 행하는 것은 충이다. 사람으로서 사람을 섬긴 뒤에라야 충이라는 이름이 있는 것이지 내 단독으로는 충이 없으니, 비록 먼저 스스로 자신을 다하고자 하여도 착수할 수가 없는 것이다. 그런데 지금 사람들은 모두 '오도吾道'는 충을 먼저 행하고 서를 뒤에 행하는 것으로 인식하고 있으니, 본뜻을 잃음이 먼 것이다. 바야흐로 충을 다하여 할 때 서는 이미 그 행해지고 있음이 오래되었다.

盡己之謂忠。推己之謂恕也。然忠恕非對待之物。恕爲之本。而所以行之者忠也。以人事人而後有忠之名。獨我無忠。雖欲先自盡己。無以著手。今人皆認吾道爲先忠而後恕。失之遠矣。方其忠時。恕已久矣。

《논어고금주》

여기서 질문이 제기된다. 과거 학자들의 논쟁이 현대 사회에 무슨 도움이 되는가? 공자의 도는 충서가 아니라 서라는 정약용의 주장이 오늘날 우리에게 왜 필요한가? 이는 공자의 가르침이 동양 인문사상의 근간이 되기 때문이다. 사회의 각 영역에서 영향력을 끼치는 많은 리더들이 《논어》를 기본 소양으로 여기며 탐독한다. 공자의 가르침을 배울 때 정약용의 해석을 배제한다면, 충을 포괄한 서가 아니라 충 그 자체에 천착하게 되고 만다. 리더가 그런 해석에 치우친다면, 사회 전반으로 봐도 곤란해질 수밖에 없다.

물론 충성은 여전히 사회적으로 좋은 덕목이다. 새로운 공동체가 세워지기 위해서, 또 세워진 공동체가 성장하기 위해서 구성원들의 충성심이 요구된다. 그러나 우리 사회는 이미 어느 정도 양적인 성장을 이루었다. 이제는 질적인 성장에 더욱 관심을 가져야 할 때다. 리더가 구성원들에게 맹목적으로 충성을 요구할 시기는 지났다. 그들에게 공감으로 다가가야 한다.

12

침묵하는 안연

회야불우 回也不愚

정약용의 《대학》 해설서 《대학공의大學公議》에 보면, 두 가지 마음의 병이 등장한다.

마음에는 두 가지 병이 있는데, 하나는 마음이 있음에서 생기는 병이고, 다른 하나는 마음이 없음에서 생기는 병이다. '마음이 있다'는 것은 인심人心이 주인이 되는 것이다. '마음이 없다'는 것은 도심道心이 주인이 되지 못하는 것이다. 두 가지는 다른 것 같으나, 그 병을 얻게 되는 근원은 실제로 같다.

心有二病。一是有心之病。一是無心之病。有心者。人心爲之主也。無心者。道心不能爲之主也。二者似異。而其受病之源實同。

자기 마음의 주도권을 도심이 아니라 사사로운 마음[人心]이 잡으면 병이 생긴다는 것이다. 뒤이어 정약용은 두 마음의 병에 대한 처방으로 경敬을 제시한다. 경을 설명할 수 있는 개념이 바로 신독愼獨이다. 원래 《대학》이나

《중용》에는 "신기독愼其獨"이라고 되어 있지만, 유학자들은 '신독'으로 줄여서 경敬의 단면을 설명했다. 우리 문화에서는 체면을 중시해서 남의 눈이 있을 때 조심하라고 하지만, 신독의 경지는 그것을 뛰어넘어 홀로 있을 때조차 신중하거나 진지한 것을 의미한다. 하지만 지금 MZ세대는 남들과 함께 있을 때도 남의 시선에 얽매이지 않는 것 같다.

필자를 포함해 지금은 꼰대가 되고만 중년들도 한때는 '요즘 애들'처럼 X세대라고 불렸다. 사실 지금도 X세대가 정확히 무엇을 지칭하는 지 모르겠다. 하지만 자기표현을 확실하게 하는 세대라는 평가는 지금도 기억에 남는다. 그 이전까지는 '유교적 관습'이라는 오명하에 젊은 사람은 어르신들에게 제대로 대꾸도 못했다. 그러나 X세대는 의사전달이 분명해 비합리적인 전통을 거부했다. 지금은 그 X세대가 꼰대라고 불리고 있다. 그래도 X세대 사이에 '꼰대 지수'라는 신조어가 생길 정도로 자신의 행동이 다음 세대에게 어떻게 보이는지 꽤 신경을 쓰는 편이다.

X세대가 주도하던 1990년대에는 가만히 있으면 바보 취급을 당하던 분위기가 만연했다. 자기표현이 중요해진 만큼 표현하지 않는 사람을 답답하게 여긴 것이다. 그런데 지금 신세대들의 표현 방법은 한층 강도가 세진 것 같다. X세대들은 어떻게든 아래 세대들과 소통하고 공감하려고 하지만 쉽지 않다. 그래도 희망은 있다. 지금 세대가 표현을 확실하게 하기 때문에 그들의 생각을 여러 채널을 통해 접근할 수 있어서다.

그런데 X세대에 '유교적 관습'을 씌운 장본인은 아마도 공자가 가장 아꼈던 안연일 것이다. 반면 자공은 X세대와 그 이후 세대의 본질에 더 가깝게 느껴진다. 안연은 자공과 정반대의 이미지다. 나이는 비슷하나 성향이 다른 것인지 아니면 출신의 한계 때문인지, 안연은 좀처럼 말이 없는데 비해 자공은 공자와의 대화에서 마치 주도권을 잡는 듯 보인다.

《논어》의 480여 장에서 자공과 공자의 대화는 25번 등장한다. 자공은 나오지 않지만 공자가 자공을 언급하는 4개의 장이 있고, 자공이 혼자 말하거나 다른 사람과 대화하는 9개의 장이 있다.* 그런데 공자와의 대화로 구성된 25개의 장은 자공이 질문하거나 말을 던지는 것으로 시작하는 경우가 대부분이다. "절차탁마切磋琢磨"로 유명한 〈학이〉편 15장에서 공자는 자공과의 대화에 매우 만족하기도 했다. 그런데 〈위정〉편 9장에서는 아끼는 제자 안연에게 대놓고 불만을 표한다.

> 공자 : 내가 회를 데리고 이야기하면
>
> 子曰吾與回言。
>
> 진종일 아무 대꾸도 않는 것이 마치 놈팡이도 같아 보이나
>
> 終日不違如愚。

말이 없어도 너무 없는 안연에게 공자는 못마땅하다는 듯이 "진종일 아무 대꾸도 않았다終日不違如愚"라고 평하기도 했다. 《한글 논어》에서 "불위여우"의 우愚를 '놈팡이'로 번역했는데, 직역하자면 '어리석은 사람'이라는 뜻이다. 도통 아무 말도 없어서 공자가 보기에 안연은 어리석은 양 보였다는 것이다. 물론 안연이 죽고 난 뒤에 공자는 안연이 가장 호학했던 제자였다고 직접 고백할 만큼 그는 가르침을 잘 따랐던 제자지만, 말수가 극도

---

* 본서의 부록 1 '《논어》와 자공'을 참고하라.

로 적은 안연이 공자 또한 어지간히 답답했던 모양이다. 그러나 공자의 이러한 부정적 인식도 바로 다음 구절에서 이내 사라진다.

나중에 지내는 것을 보면 뚜렷이 행하고 있다.

退而省其私。亦足以發。

"나중에 지내는 것을 보면退而省其私"에 나타난 퇴退, 성省, 사私는 모두 성리학적으로 중요한 개념을 내포한다. 어떻게든 나아가고자[進] 하는 성향을 가진 유학자들도 상황이 여의치 않으면 물러나야 했다. 실제로 퇴계退溪를 호로 삼을 만큼 이 글자에 애착을 보였던 이황은 자신의 때가 '물러나야 하는 때'라고 판단하고 정리한 후에 후학을 양성하는 데 힘썼다.

성省은 반성 또는 성찰을 뜻한다. 〈학이〉편 4장에서 증자가 "나는 날마다 세 가지로 몸을 살핀다吾日三省吾身"라는 구절에 쓰인 것이 대표적이다. 스스로의 허물을 살피기 위해 가장 필요한 자세가 바로 자기 자신을 돌아보고 살피는 것이다.

사私는 사적인 영역을 가리킨다. 공적인 공간에서는 대체로 조심하게 마련이다. 물론 공공연하게 '갑甲질'을 하고, '꼰대짓'을 하는 사람도 있다. 하지만 대개 다른 사람의 눈치를 보게 마련이다. 평범한 사람이라면 공적인 공간에서만 조심해도 충분하다. 하지만 지도자가 될 사람들은 사적인 영역에서도 조심해야 한다. 물론 근대화가 진행된 덕에 이제는 우리 문화에서도 각자의 프라이버시가 존중받는 분위기다. 하지만 영향력이 크면 클수록 공적인 공간뿐만 아니라 개인적인 공간에서도 더욱 신중하게 행동해야 한다.

개인의 사적인 영역이 보호되는 만큼 이에 상응하여 잘 관리해야 하는 책임도 주어진다. 퇴와 성의 자세로 사의 영역을 잘 활용해야 한다. 보이지 않는 곳이라고 해서 정말 아무도 모르는 게 아니다. 결국 시간이 지나면 모든 것이 드러나게 되어 있다. 홀로 있을 때 더욱 조심하는 것, 이게 바로 유학자들이 처신에서 가장 중요하게 여긴 신독愼獨이다. 정약용 또한 《중용》을 해설하면서 신독의 중요성을 특히 강조했다.

아무리 숨겨도 시간이 지나면 모든 것이 드러난다는 것은 불변하는 진리다. 공자는 〈위정〉편 9장 속 안연의 행동거지를 두고 "족이발足以發"이라고 했다. 족足은 '만족하다', '충분하다'라는 뜻을 지닌다. 발發은 '밝혀지다'라는 의미다. 《한글 논어》에서는 이를 "행하고 있다"라고 번역했고, 정약용은 《논어고금주》에서 "꽃망울을 맺고 나서 꽃잎을 토하는 것과 같다如花之含䔌而吐英也"라고 설명했다. 여기에 더 나아가 "공자의 말씀은 간략하고 엄정하여 꽃망울을 맺고 있는 것과 같고夫子之言 簡嚴如含䔌, 안자顔子가 그 뜻을 발명發明함은 꽃잎을 토하는 것과 같다顔子發其旨如吐英"라고 부연했다. 스승의 가르침을 마치 꽃잎을 토하듯 실천하는 제자의 모습을 이처럼 아름답게 표현한 것이다. 그런데 여기서 주목할 점은 정약용이 〈위정〉편 9장의 설명을 마무리하면서 〈이인〉편 15장을 연결시켰다는 데에 있다.

증자도 역시 이런 일이 있었다. 공자가 "나의 도는 하나로 꿰뚫었다"라고 하자, 증자가 "예" 하고 대답하였으니, 이것은 '불위不違'요 물러가 문인들의 물음에 대답하여 "부자의 도는 충서忠恕일 뿐이다"라고 하였으니, 이것은 또한 '족이발'이다.

曾子亦有此事。子曰吾道一以貫之。曾子曰唯。是不違也。

退而答門人之問曰夫子之道。忠恕而已。此亦足以發也。

정약용은 증자의 상황에서 사적 영역은 '붕우 사이의 사사로운 강론'이라고 주장한다. 안연뿐만 아니라 증자도 스승 앞에서는 '예' 한 마디만 대답해 스승의 말씀을 어기지 않은 행위[不違]고, 문인들과는 스승의 도가 충서라고 강론한 것은 충분히 밝힌 행위[足以發]라는 것이 그의 설명이다.

사실 X세대나 MZ세대에게 안연의 태도를 권하는 것은 시대착오적일 수 있다. 이미 공자의 제자 중에서도 자기표현이 확실한 자공 같은 제자가 있다. 누구보다 활발하게 스승과 대화하고 의사표시를 했던 자공의 삶은 충분히 소통과 공감의 모범이 된다. 다만 안연이 지향했던 가치는 현대 사회에서도 음미할 만하다. 비록 출신의 한계 때문에 표현은 서툴렀어도 안연 또한 《논어고금주》 속 정약용의 해석처럼 스승의 가르침을 불위不違, 즉 어기지 아니하고 족이발足以發, 즉 충분히 드러냈기 때문이다. 자기표현을 뛰어넘어 인류의 보편적 가치를 어기지 아니하고, 충분히 드러내는 삶을 살아갔던 안연의 지향점은 모든 세대를 아우를 만큼 의미가 깊다. 안연은 제대로 말도 못 하고 묵묵히 어리석게 존재하는 그저 그런 '놈팡이'가 아니다.

13

침묵하는 중궁
옹야인이불영 雍也仁而不佞

코로나 이후 미디어 환경은 매스미디어 중심에서 개인미디어 중심으로 급변하였다. 직장인들과 학생들이 일터와 학교에 갈 수 없고, 모든 모임이 비대면으로 전환되다 보니 자연스럽게 미디어에 노출되는 시간이 많아졌다. 더욱이 취향에 따라 다양하게 선택해서 볼 수 있는 개인방송의 인기가 날이 갈수록 높아가고 있다.

사람들에게는 나름의 관심 분야에 대해 누군가 자기 편에서 속시원하게 이야기해 주기를 바라는 욕망이 있다. 그것을 잘 파고든 것이 개인방송이다. 공영방송에서 할 수 없는 편향적이거나 편파적인 방송을 하는 사람들은 이런 욕망을 건드리고자 종종 허위 사실을 유포하거나 비도덕적인 콘텐츠를 만들기도 한다.

이것도 공감[恕]을 기반으로 하고 있지만, 공감의 부정적인 단면을 보여주고 있다. 한 집단의 유대감 형성에 공감은 절대적인 역할을 한다. 그러나 공감이 집단 내부에서만 이루어지는 것은 위험하다. 특히 정치 영역이 그렇다. 정당마다 국민 통합을 외치고 있지만, 실제로는 자신들의 지지층 결집에 더 주력하고 있는 것이 대표적인 사례다.

《논어》는 정치 리더들의 기본 필독서로 불린다. 춘추 시대를 살았던 공자와 그의 제자들은 제후들에게 등용되어 정치적 꿈을 펼치는 것을 목표로 삼았기 때문이다. 정치를 하고자 했던 공자 학단이 가장 가치를 두었던 개념은 바로 인仁이다. 인은 법가法家에서 주장한 법치주의의 상대 개념으로, 유가가 내세운 덕치주의의 핵심개념으로 여겨진다. 이렇듯 유가의 정치는 인이나 덕처럼 인격과 밀접한 개념을 중요하게 여겼다.

〈공야장〉편 4장에 언급되는 옹雍은 중궁의 이름이다. 〈안연〉편 2장에서 중궁은 자공과 더불어 '기소불욕 물시어인'의 정신을 전수받은 제자다. 한미한 신분임에도 중궁은 공자로부터 '임금 자리에 오름 직하다'라고 평가받기도 했다. 그런데 누군가 와서 공자에게 중궁에 대한 불만을 토로했다.

어느 사람 : 옹은 사람답기는 하지만 무뚝뚝합니다.

或曰雍也。仁而不佞。

공자 : 재잘거려서야 됩니까! 입술에 붙은 말로 지껄이면 미움받기 꼭 알맞지요.

子曰焉用佞。禦人以口給。

사람답게 되었는지는 모르지만 어찌 재잘거려서야 됩니까!

屢憎於人。不知其仁。焉用佞。

〈공야장〉 4장

"사람답기[仁]는 하지만 무뚝뚝합니다仁而不佞"라는 번역에서 '무뚝뚝하다'에 해당하는 영佞은 쉽게 말해 아첨을 의미한다. 정약용은 《논어고금주》에서 이 문장을 "부인들처럼 말을 재빠르게 하는 것이다便捷如婦人也"라고 풀이했다.

혹자는 말을 빠르게 조잘거리는 것도 아첨이 되느냐고 정약용의 해석에 의아할지 모르겠다. 사실 아첨은 제법 다양한 형태로 둔갑한다. 예를 들어, 개인방송들을 보면 의외로 아첨하는 말은 거의 하지 않는다. 대신 자극적인 제목과 편파적인 내용으로 이목을 끌기 때문에 상대방에 대한 비방과 근거 없는 유언비어가 방송의 많은 부분을 차지한다. 그런데 이 경우에 비난이 곧 아첨이다. 자기 집단의 사람들에게 그들이 좋아하는 말을 들려주고자 더욱 자극적으로 비난하는 것이니 시청자에게 아첨하는 것과 다름없기 때문이다.

정약용은 영에 대한 여러 학자들의 설명들을 열거한 뒤에, 그보다 더 중요한 인에 대해 다음과 같이 덧붙인다.

인仁이란 인륜人倫으로서의 지선至善을 명명한 것이다. 그러나 내가 인을 실현하고자 해야 이 인에 이르게 된다. 서恕를 힘써 행하면 인을 구하게 되는 것이니 이보다 더 가까운 것은 없다. 인이 어찌 높고 먼 곳에 있는 것을 행하는 것이겠는가?

仁者。人倫至善之名。然我欲仁。斯仁至矣。強恕而行。求仁莫近焉。仁豈高遠之行哉。

《논어고금주》

여기서 주목할 부분은 정약용이 인仁에 대해 설명하며 "강서이행 구인막근
언强恕而行 求仁莫近焉"이라는 문장을 인용한 것이다. 이 9글자는《맹자》〈진심盡心〉
상편 4장에 나오는 말인데, 4장 전문을《한글 맹자》에서는 다음과 같이 번
역했다.

만물의 이치가 다 내게 갖추어 있느니라.

萬物皆備於我矣。

자기를 반성하면서 정성을 다할 때는 기쁨이란 이루 말할 수 없고

反身而誠。樂莫大焉。

힘써 충서忠恕의 도道를 실천하면 인仁이란 코앞에 있는 것이다.

強恕而行。求仁莫近焉。

《맹자》

이 부분은《맹자》에서 단 한 번 서恕가 등장하는 장이다. 정약용은《맹
자》해설서도 집필했다. 그 안에서 주자가 이 장을 '이치의 본연'의 측면에서
설명한 것을 비판했다. 여기서의 핵심을 그는 이치를 설명하는 형이상학적
이론이 아니라, 인에 대한 실천으로 보았기 때문이다. 정약용의 주장은 다
음과 같다.

이 장은 곧 '일관충서一貫忠恕'의 설에 대한 것이다. 내가 여색[色]을 좋아하면 곧 백
성들도 여색을 좋아한다는 것을 알고, 내가 재화[貨]를 좋아하면 곧 백성들도 재화
를 좋아한다는 것을 알며, 내가 편안함을 좋아하면 곧 백성들도 편안함을 좋아한다

는 것을 알고, 내가 비천하고 모욕당하는 것을 싫어하면 곧 백성들도 비천하고 모욕당하는 것을 싫어한다는 것을 안다.

此章乃一貫忠恕之說。我好色。便知民亦好色。我好貨。便知民亦好貨。我好安逸。知民之亦好安逸。我惡賤侮。知民之亦惡賤侮。

《맹자요의》

"내가 좋아하는 것我好"과 "백성들도 좋아하는 것民亦好", "내가 싫어하는 것我惡"과 "백성들도 싫어하는 것民之亦惡"이 대구를 이루는 구조를 통해 통치자가 갖추어야 하는 서恕의 공감적 의미를 상식선에서 쉽게 설명하고 있다. 결국 목민관이 갖추어야 하는 공감 능력을 강조한 것이다. 이어지는 설명은 더욱 실질적이다.

길에서는 먼저 가고 싶어 하고, 문에서는 먼저 들어가고 싶어 하며, 계단에서는 먼저 오르고 싶어 하고, 자리에서는 먼저 앉고 싶어 하고, 겨울에는 먼저 따뜻해지고 싶어 하고, 여름에는 먼저 시원해지고 싶어 하고, 굶주릴 때는 먼저 먹고 싶어 하며, 갈증이 날 때는 먼저 마시고 싶어 한다.

路欲先行。門欲先入。階欲先登。席欲先坐。冬欲先溫。夏欲先涼。飢欲先食。渴欲先飲。

사람이라면 누구나 가지고 있는 욕망[欲]을 통해 백성의 마음을 헤아리는 것이 권력자가 가져야 할 서 또는 공감의 핵심이다. 리더라면 이러한 보편적인 욕망에 호응해야지, 기득권을 지키고자 지지층에게만 공감해서는 안 된다. 그리고 이러한 보편적 공감에 대한 내용이 계속해서 이어진다.

날마다 쓰고 항상 행하는 만사·만물에 대한 감정[情]과 욕망[慾]이 모두 나에게 갖추어져 있으므로, 꼭 그 사정을 묻고 안색을 살핀 뒤에야 남들이 나와 같다는 사실을 알게 되는 것은 아니다.

日用常行萬事萬物之情之慾。皆備於我。不必問其情察其色。而後知人之與我同也。

맹자가 말한 "만물개비어아萬物皆備於我"에 대해 정약용은 만물의 이치[理]가 아니라 지극히 자연스럽고 일반적인 만물에 대한 감정[情]과 욕망[慾]이라고 주장한다. 그것도 매우 일상적이고 보편적인 감정과 욕망 말이다. 사람은 이미 이것을 갖추었으니, 그저 '타인도 그러리라' 하고 힘써 공감[恕]을 실천하면 된다. 중궁처럼 굳이 말재주가 뛰어날 필요가 없고, 안연처럼 말이 없어도 상관없다. 개인방송을 통해 소통하겠다면서 편파 방송을 할 필요도 없다. 국민이 어떤 감정을 느끼는지 그리고 무엇을 하고 싶은지는 정치를 하고 싶은 사람이라면 일부러 외면하지 않는 한 누구나 이미 알고 있을 것이기 때문이다.

만물의 척도

능근취비 能近取譬

"너나 잘하세요."

영화 〈친절한 금자씨〉에서 가장 인상적인 대사다. 모범수로 출소한 금자에게 어느 종교인이 새롭게 시작하라는 의미에서 두부를 건넸을 때 금자가 그에게 던진 말이다. 죄값을 치렀으니 세상은 금자를 용서하려고 했지만 그녀는 거절했다. '공감' 없는 '용서'를 거부하고 금자 씨는 '복수'를 시작한다.

용서容恕 또는 관용寬容이라는 단어는 혐오 시대인 현대 사회를 살아가는 우리들에게 가장 적절한 처방전이기에 매우 중요한 가치를 담고 있다. 개인의 문제뿐만이 아니라, 집단 또는 국가 사이에서도 용서와 관용은 중요한 역할을 한다. 역사적 과오에 대해 잘못을 인정하고 용서를 구할 때 너그러이 용납해야 미래로 나아갈 수 있다. 그러나 정치는 용서만 가지고 되는 것이 아니다. 정치에서는 공감[恕]이 더 우선시될 때도 있다.

앞에서 오늘날 우리가 서恕라는 한자어를 볼 수 있는 단어는 '용서' 정도 뿐이라 밝혔다. 그런데 정약용은 서의 진정한 의미는 용서가 아니라 '추서'라고 주장한다. 용서容恕는 누군가가 죄를 지었거나 실수를 했을 때 잘못을 인정하며 그것을 용납[容]하는 것이고, 추서推恕는 죄나 실수 같은 이전 행위와 관계없이 내 마음을 미루고[推] 상대방의 마음을 헤아리는[恕] 것이다. 추서는 용서보다 훨씬 정치적인 개념으로 공감정치의 핵심이다.

그러나 이같이 중요한 의미를 지닌 추서에 대한 언급이 《논어고금주》에서는 나타나지 않는다. 용서와 추서에 대한 분석은 《대학공의》와 《심경밀험心經密驗》에 나타나는데, 모두 《대학》의 "혈구지도絜矩之道"와 관련된 논의다. 더나아가 정약용은 《논어고금주》에서 '혈구지도'와 서를 연결하여 "혈구지서絜矩之恕"라는 표현을 쓰기도 했다. 그렇다면 추서를 논의하기 전에, 정약용이 《논어》를 해설하며 언급한 "혈구지도" 또는 "혈구"가 어떤 의미인지 살펴보는 것이 좋겠다.

《논어》〈옹야〉편 28장은 "기소불욕 물시어인"의 긍정형 표현인 "기욕립이립인己欲立而立人"과 "기욕달이달인己欲達而達人"이 언급되는 장이다. 그리고 이 편의 마지막 문장으로, 인에 대한 공자의 마지막 설명은 다음과 같다.

제 앞장부터 잘 처리할 수 있는 그것이 사람 구실 하는 방법이라고 할 수 있을게다.

能近取譬。可謂仁之方也已。

'인을 행하는 방법'이라고 직역되는 문장을 "사람 구실 하는 방법仁之方"이라 번역한 것에 큰 문제는 없다. 오히려 앞부분에 "제 앞장부터 잘 처리할 수 있는 그것能近取譬"이라는 번역이 오역으로 보인다. 주자는 이것을 "가까이 자신에게서 취하여近取諸身 자신이 하고 싶은 것을 가지고以己所欲 다른 사람에게 비유하다譬之他人"라고 풀이했다. 그리고 이 문장에 대해 정약용은 "능근취비는 다름 아닌 혈구다能近取譬者 絜矩也"라고 설명했다. 정약용이 말하는 '혈구'는 《대학》의 마지막 장에 나오는 "혈구지도"에서 가져온 단어다.

윗사람에게서 싫은 것으로 아랫사람을 부리지 말고, 아랫사람에게서 싫은 것으로 윗사람을 섬기지 말고, 앞사람에게서 싫은 것으로 뒷사람을 이끌지 말고, 뒷사람에게서 싫은 것으로 앞사람을 따르지 말고, 오른쪽에서 싫은 것을 왼쪽으로 건네지 말고, 왼쪽에서 싫은 것을 오른쪽으로 건네지 말라.

所惡於上。毋以使下。所惡於下。毋以事上。所惡於前。毋以先後。所惡於後。毋以從前。所惡於右。毋以交於左。所惡於左。毋以交於右。

《대학》

얼핏 보아 "기소불욕 물시어인"과 다른 내용이 아니라는 것을 알 수 있다. 정약용은 해당 구절에 대해 혈絜을 "밧줄로 물건을 묶어서 그 크기를 재는 것以繩約物 以度其大小也"이라고 설명하고, 구矩는 "곱자로서, 모난 곳을 반듯하게 하는 것直角之尺 所以正方也"으로 해설한다. 그러니까 내가 가지고 있는 효도, 공손, 자애 등의 덕목으로 미루어 볼 때, 다른 사람들도 효도, 공손, 자애를 바란다는 것을 알 수 있다는 뜻이다. '내 마음을 다른 사람의 마음을 가늠하는 척도로 사용한다', 즉 공감하는 마음을 말하는 것이다. 혈구란 《대학》에서 서를 표현하는 방식이니, 결국은 우리가 얘기하던 《논어》 속 서와 같은 의미다.

이러한 맥락에서 "능근취비能近取譬"에 대한 정약용의 설명은 "아랫사람에게서 비유를 취하여 윗사람을 섬기며, 왼쪽 사람에게서 비유를 취하여 오른쪽 사람을 사귀는 것이다"라고 옮길 수 있다. 여기서 비유[譬]는 바로 '공감'의 비유가 된다. 정약용의 풀이에 따라 보건대, "능근취비"는 "제 앞장부터 잘 처리할 수 있는 그것"이라는 《한글 논어》의 번역보다는 '자신의 가까이에게서 취하여 (공감적) 비유로 말할 수 있는 것'으로 이해하는게 더 적절하다.

《논어고금주》에서 서를 설명할 때마다 정약용은 혈구를 언급했고, 아예 "혈구지서絜矩之恕"라고 명시한 곳도 있다. 이 표현은 정조의 문집 《홍재전서弘齋全書》에도 등장한다. 정약용이 서로 이해한 이 혈구는 《대학》의 핵심단어로, 정약용은 《대학공의》에서 혈구를 설명하며 서를 언급하고 서의 두 종류를 구분한다.

서에는 두 가지가 있다. 하나는 미루어 생각한다는 의미의 추서推恕이며, 또 하나는 용서한다는 의미의 용서容恕이다. 서는 옛 경서經書에는 추서의 의미만 있을 뿐, 본래 용서의 의미는 없는데, 주자가 말한 것은 대개 용서에 해당한다.

恕有二種。一是推恕。一是容恕。其在古經。止有推恕。本無容恕。朱子所言者。蓋容恕也。

정약용은 서를 이렇게 추서와 용서로 구분했다. 추서는 용서보다 공감의 의미를 더 선명하게 보여 준다. 그래서 정약용은 추서와 용서를 엄격하게 구분하는 가운데 다음과 같이 말한다.

추서는 스스로를 닦는 것을 주로 하여 자기의 선을 행하는 것이고, 용서는 다른 사람을 다스리는 것을 주로 하여 다른 사람의 악을 너그럽게 보아 주는 것이다. 이 어찌 같은 것이겠는가?

推恕者。主於自修。所以行己之善也。容恕者。主於治人。所以寬人之惡也。斯豈一樣之物乎。

《대학공의》

이 설명을 도식화하면 추서와 용서의 차이가 더 잘 드러난다.

추서推恕	→	자수自修	행기지선行己之善
용서容恕	→	치인治人	관인지악寬人之惡

여기서 추서와 용서는 대상에 의해 구분되는데, 추서는 "자기의 선을 행하는 것行己之善"이고 용서는 "다른 사람의 악을 너그러이 봐 주는 것寬人之惡"이다. 이러한 구분에서 추서는 자기수양[自修]적 차원, 용서는 인간관계[治人]적 차원이라 이해할 수도 있지만, 둘 모두는 생각과 실천이라는 표리적 관계에서 함께 실천되어야 한다. 그리고 뒤로 이어지는 설명들은 모두 추서에 집중되어 있다.

군자는 자기에게 있은 뒤에야 남에게 그것을 요구하며, 자기에게 없은 뒤에야 남의 그러한 것을 그르다고 한다.

君子。有諸己而后求諸人。無諸己而后非諸人。

《대학》10장

이 문장에 대해 정약용은 꽤나 비판적인 해석을 내놓는다. 자신이 설명하던 추서의 자기수양적 의미와 반대될뿐더러 이 문장으로 인해 서를 용서로 잘못 이해할 가능성이 있기 때문이다.

옛 성현이 말하는 서恕는 남에게 그것을 요구한 뒤에 자기에게 있게 하는 것이고, 남의 그러한 것을 그르다 한 뒤에 자기에게 없게 하는 것이다.

先聖之所謂恕者。求諸人而后有諸己。非諸人而后。無諸己。

《대학공의》

《대학》10장의 문장만 두고 보면 사실 그렇게 비판적으로 해설할 필요가 있을까 싶다. 하지만 앞서 말했듯이 정약용이 주장하는 추서는 타인의 행동에 비춰 스스로를 바르게 하는 것이다. 그에 비해 《대학》의 문장은 스스로의 행동을 비춰 타인을 제재하는 것이므로, 서의 의미를 용서처럼 받아들일 우려가 있었다. 게다가 '그릇된 부분을 지적하려면 자기 자신부터 깨끗해야 한다'라는 부분도 정약용에게는 사회의 자정 기능을 저해시킬 수 있는 해석으로 보였다.

오늘날 이를 잘못 읽고 잘못 미루어 생각하면, 장차 '같이 목욕하는 사람은 발가벗은 것을 나무랄 수 없고, 같이 도둑질하는 사람은 담벼락 뚫는 것을 나무랄 수 없다'라고 말할 것이니, 나의 마음으로 다른 사람의 마음을 헤아려서 기꺼이 서로 용납하면서 비난하지 않을 것이다. 곧 그 폐단이 장차 남과 내가 모두 악을 행하는 데에 편안하고 익숙해져서 서로 바로잡아 주지 않게 될 것이니, 이 어찌 성현의 본뜻이겠는가?

今人於此。誤讀而誤推之。則將曰同浴者不可譏倮。同盜者不可譏穿。以我之心。度他人之心。怡然相容。莫相非議。卽其弊將物我相安。狃於爲惡。而不相匡正。斯豈先聖之本意乎。

《대학공의》

용서 그 자체도 사회적으로 중요한 역할을 하지만, 여기서 서는 용서가 아닌 추서로 읽어야 한다. 《대학》은 특히 정치 리더들을 위한 책이기 때문이다. 리더가 부정한 것을 바로잡는 데 있어 자격이 필요하다고 가르친다면 장차 폐단을 막기란 굉장히 어려워질 것이다. 정약용은 결론적으로 다음과 같이 말한다.

《대학》에서 말하는 것은 장차 백성을 교화하고자 하면 반드시 먼저 (몸에) 간직한 것을 미루어야 한다는 것이다. 서恕란 '헤아려 바로잡는 도[絜矩之道]'이니, 헤아려 바로잡는다면 나에게 효도와 공손이 있어야 백성에게 요구할 수 있고, 헤아려 바로잡는다면 내가 효도하지 않음이 없어야 백성을 그르다고 할 수 있다.

經所言者。謂將欲化民。必先自修。將欲自修。必先藏恕。恕者絜矩之道也。絜矩則我有孝弟。乃可以求諸民。絜矩則我無不孝。乃可以非諸民。

"너나 잘하세요"라는 금자의 말을 이제 다시 생각해 보자. 사실 금자는 이 말을 하기 전에 그녀의 주변 바닥을 한번 흘끗 쳐다본다. 두부처럼 깨끗이 살라고 말하는 종교인들의 발치에는 그들이 아무렇게나 던져 버린 종이컵들이 나뒹굴고 있었기 때문이다. 금자의 눈에 두부를 건네는 이들이 어떻게 보였을까? 금자는 자신을 용서해 줄 사람이 아니라, 자신에게 공감해 줄 사람을 찾았을지도 모른다.

15

공감의 정치학

선난이후획 先難而後獲

　　조선을 대표하는 두 유학자 퇴계 이황과 율곡 이이의 나이 차는 35세나 되지만, 두 사람은 그 간극을 뛰어넘어 학문에 대한 열정으로 화합했다. 퇴계는 23세의 젊은 율곡을 만난 뒤, 《논어》〈자한子罕〉편 22장에 나오는 "후배를 두려워할 만하다後生可畏"라는 말을 빌려 그의 탁월함을 칭찬했다. 코로나 기간에 실시된 보궐선거에서 소위 '이대남'이라 불리는 20-30대 남성의 정치적 관심이 높아진 것을 확인할 수 있었다. 그리고 그 관심은 한 번의 이벤트로 그치지 않고 37세의 최연소 보수 정당 당 대표를 배출하는 이변까지 연출했다. 그야말로 대한민국은 코로나 시대에 '후생가외'의 시대를 맞이하고 있는 것이다.

　　퇴계 이황에게 율곡 이이가 있었듯이 공자에게도 역시 그런 제자가 있었다. 바로 번지樊遲다. 번지는 공자와 36세 정도 차이가 난다고 하니, 퇴계와 율곡의 차와 비슷하다. 그런데 번지는 공자에게 '후생가외'의 대상이 아니었다. 굳이 호학의 아이콘 안연과 비교할 필요도 없이, 공자가 번지에 대해서

〈자로〉편 4장에서 "소인小人"이라고 직접적으로 평가한 것으로 보아 번지의 '미달未達함'을 어느 정도 짐작할 수 있다. 그럼에도 번지와의 대화가 적지 않게 기록되었다. 아마도 그는 자공에 맞먹을 정도로 질문을 많이 했던 제자였던 모양이다. 《논어》에는 인에 대한 여러 제자들과 공자의 문답이 등장하는데, 지知와 관련해서는 번지와의 문답 두 차례가 전부다. 그중 가장 유명한 문답은 〈안연〉편 22장이다.

> 번지가 사람 구실에 대하여 물은즉
>
> 樊遲問仁。
>
> 공자 : 남을 사랑해야 한다.
>
> 子曰愛人。
>
> 앎에 대하여 물은즉
>
> 問知。
>
> 공자 : 사람을 알아야 한다.
>
> 子曰知人。
>
> 번지가 얼른 알아듣지 못한다.
>
> 樊遲未達。

번지가 인에 대해 묻자 공자는 "애인愛人"이라고 답했고, 지에 대해 묻자 "지인知人"이라고 답했다. 이렇듯 공자의 철학은 사람[人]이 핵심이다. 그러나 번지는 이해[知]에 도달하지 못했다[未達]. 공자가 계속해서 설명하지만 결국 번지는 자하子夏에게 다시 그 의미를 물어본다. 〈안연〉편 22장에서는 본의 아니게 번지의 미달이 드러나 버렸지만, 또 다른 문답인 〈옹야〉편 20장에는 번지의 미달보다 인과 지에 대한 공자의 풍부한 해설이 한 번 더 제공되어 눈길을 끈다. 먼저 지에 대해 공자가 답했다.

번지가 지혜에 대하여 물은즉
樊遲問知。
공자 : 옳은 사람 노릇에 철저하며, 귀신은 공경할 뿐 이를 멀리하면 슬기롭다 하겠지.
子曰務民之義。敬鬼神而遠之。可謂知矣。

"옳은 사람 노릇에 철저하며務民之義"에 대해 정약용은 《논어고금주》에서 "선善을 행하고 악惡을 버리는 것을 의義라 하고, 무務는 전력專力하는 것이다爲善去惡曰義 務專力也"라고 설명한다. 다시 말해 지혜란 백성들[民]이 좋다[善]고 여기는 정의로움[義]에 대해 힘쓰는[務] 것이다. 지배층이나 집권층이 아니라 국민에게 좋은 것이 무엇인지 고민하는 게 지식[知]의 지향점이 되어야 한다는 말이다. 문제는 그다음 문장이다.

"귀신은 공경할 뿐 이를 멀리하면敬鬼神而遠之"은 귀신에 대한 공자의 입장을 대변한다. 나아가 공자의 종교관을 담고 있다고도 말할 수 있을 정도로 중요한 부분이다. 이 문장의 핵심은 종종 '경원敬遠'으로 압축해 표현된다. 모든 형이상학적 문제에 대해서 그렇다 또는 아니다라고 단정 짓지 말고 각각의 주장을 존중해 줄 필요가 있다. 동시에 그 주제에 너무 가까이 다가가지말고 거리를 유지해야 한다. 사실 어떤 것을 공경하되[敬] 멀리하는[遠] 것은 그저 귀신이나 종교 이야기에 국한되는 것이 아니다. 사람을 대할 때도 마찬가지다. 더욱이 공자가 이미 앎이란 곧 "지인知人"이라고 말했듯이 사람에게도 경원의 태도를 적용해야 한다. 아무리 가까운 사람이라도 그를 안다고 쉽게 단정 짓는 것을 경계해야 마땅하다.

정약용은 "경귀신이원지"에 대해 "귀신을 공경하되 함부로 친압親狎하지 아니한다敬鬼神而不瀆"라는 짧은 설명만 덧붙였다. 오히려 뒤이은 인에 대한 공자의 답변인 "선난이후획先難而後獲"을 길게 풀이했다. 〈옹야〉편 20장의 뒷부분은 다음과 같다.

[번지가] 사람 구실에 대하여 물은즉
問仁。
공자 : 사람 구실 하는 사람은 어려운 일은 도맡고, 이익은 남에게 돌리니
曰仁者先難而後獲。
그러면 사람답다고 할 수 있겠지.
可謂仁矣。

정약용은 여기서 사람 구실에 대해 "어려운 일은 도맡고, 이익은 남에게 돌린다先難而後獲"라고 설명하면서 서恕를 연결시킨다.

난難이란 어렵고 고된 것이요, 획獲이란 소득이 되어 이로운 것이다. 어렵고 고된 일은 남보다 앞서서 하고, 소득이 되어 이로운 일은 남보다 뒤에 하면 이는 서恕이다. 힘써서 서를 행하면 인仁을 구함이 이보다 더 가까울 것이 없다.

難者艱苦也。獲者得利也。艱苦之事先於人。得利之事後於人則恕也。強恕而行。
求仁莫近焉。

《논어고금주》

여기서 정약용은 공감정치의 원리를 설명하고 있다. 어려운 것을 먼저 해
결하고, 이득은 나중에 취하는 것이 정약용이 말하는 공감의 정치다. 정약
용의 주장에 따라 서恕를 단순하게 설명하면 "선난후획先難後獲"인 것이다.

직원들의 부동산 투기가 논란을 불러일으켰던 LH(한국토지주택공사) 사태
는 바로 선난후획하는 공감정치를 펼치지 못하고, 오히려 그 반대로 선획후
난先獲後難인 후진적 정치의 현주소를 보여 주었다. 20-30대가 적극적으로 야
당에 표를 던진 것은 지금의 집권층이 청년들의 어려움에 공감하지 못했기
때문이다.

공감한다는 것은 단순히 감정적으로 동조하는 것이 아니다. 연민이나
동정 같은 감정을 넘어서는 실제적인 정치 행위다. 어려운 상황에 처해 있
는 국민의 고충을 해결해 주고, 이득은 그다음에 취하는 것이 진정한 공직
윤리이자 공감 윤리다. 우리는 이것을 이상적일지언정 상식이라고 믿어 왔
는데, LH 사태로 그 믿음이 무너지는 것을 또다시 경험했다.

이어 정약용은 인과 서에 대해 정치적 측면에서 다음과 같이 설명한다.

인이란 남을 향한 사랑이요, 수고롭고 괴로운 것이나 소득과 공功은 모두 자기에
게 속하는 것이다. 그래서 첫 닭이 울면 일어나 부지런히 자신에게 이로운 것을 하

는 자를 어떻게 인이라고 이를 수 있겠는가? 밭 가는 농부는 김매는 데 힘을 다하고, 장사하는 상인은 바람과 파도에 모험을 하고, 또한 그 어려운 바를 먼저 하고 이득이 되는 바를 뒤에 하지 않음이 없는데, 장차 이들을 모두 인자仁者라고 이를 수 있겠는가?

仁者嚮人之愛也。勞苦得功。皆屬自己。則仍是雞鳴而起。孳孳爲利者。何以謂之仁也。耕者盡力於耡耰。賈人冒險於風濤。亦莫不先其所難而後其所得。將皆謂之仁者乎。

《논어고금주》

품을 들여 농작물과 상품을 준비한 뒤에 값을 치르니, 농부나 상인들도 "선난후획先難後獲"한다. 그들이 어려운 바를 먼저 하고 이득되는 것을 나중에 취하는 것은 맞지만, 그 방향이 자신을 향해 있다는 데 차이가 있다. 그래서 그들을 인자仁者라고 하지 않는다. 인은 "남을 향한 사랑嚮人之愛"이다. 수고로운 바를 선행하되 이득은 다른 사람을 향하여, 자신의 이득은 나중에 취하는 것이 인자의 요건이다. 하지만 공자는 이것을 모든 사람에게 요구하지 않았다. 인자에게 제한해 요구했던 것이고, 정약용은 그 의도를 목민관에게 요구했던 것이다. 그리고 이 요건은 여전히 우리 사회의 공직자에게도 요구된다. 정약용은 결론적으로 말한다.

서를 행한 이후에 인을 이룰 수 있으니, 이는 공자가 항상 말하던 것이다.

恕而後成仁。此仲尼氏之恒言也。

《논어고금주》

원문에는 "서이후성인恕而後成仁"으로만 되어 있지만, 번역문에서 정약용은 서이후恕而後를 "서恕를 행한 이후에"라고 하여 '행하다[行]'라는 말을 더했다. 서의 실천적 측면을 부각시켜 번역한 것이다.

공감의 윤리학
선사후득 先事後得

1791년(정조 15년), 정약용의 외사촌 윤지충尹持忠, 1759~1791이 어머니의 위패를
폐하고 제사를 지내지 않은 것이 알려지면서 사형을 당하게 되었다. 진산사
건珍山事件이라 불리는 이 사건으로 말미암아 신해박해辛亥迫害, 즉 천주교 탄압
이 시작되었다. 주요 혐의는 천주교의 비윤리적인 패륜이었다. 유교의 근본
인 부모에 대한 윤리를 어그러뜨렸다는 것이다. 공자로부터 시작된 유교는
이처럼 윤리를 신봉하는 학문 체계를 지녔다.

윤리학은 사람과 사람 사이에서 일어나는 일을 다룬다. 물론 동물 윤리
와 생태 윤리 등 인간을 벗어나 동물이나 생물 전체와의 관계에서 윤리성
을 논의하기도 하지만, 기본적으로는 사람과 사람의 관계[倫]를 논하기 때
문에 오래전부터 '인륜人倫'으로 표현했고 부자父子·군신君臣·부부夫婦·장유長幼·
붕우朋友 같은 대표적인 인간관계 다섯 개를 들어 '오륜五倫'이라고도 했다. 이
러한 인륜을 어그러뜨리는 것[悖]을 '패륜悖倫'이라고 한다. 《논어》에서 인이

강조되는 까닭은 나와 함께 사회를 구성하는 '다른 사람'과 좋은 관계를 맺고, 그 결과 더 좋은 사회를 만들기 위함이다.

〈옹야〉편 20장에서 번지가 인에 대해 물어보았을 때, 공자는 "선난이후획先難而後獲"이라고 대답했다. 즉 "어려운 일은 도맡고 이익은 남에게 돌린다"라는 것인데, 이것을 정약용은 서恕의 또 다른 의미로 삼았다. 〈안연〉편 21장에는 선난후획先難後獲과 의미상 차이가 없는 "선사후득先事後得"이라는 표현이 등장한다.

〈옹야〉편 20장과 〈안연〉편 22장에서는 지知와 인仁에 대해 번지가 묻고 공자가 답을 주었는데, 〈안연〉편 21장에서 번지는 세 가지 질문을 던진다. "숭덕崇德", "수특脩慝", "변혹辨惑" 세 가지인데, 숭덕崇德은 덕을 높이는 것, 수특脩慝은 악慝을 다스리는[脩] 것, 변혹辨惑은 미혹迷惑을 분별하는 것이다. 전체 대화는 다음과 같다.

기우제 봉우리 언저리에서 선생을 따라 노닐 적에

樊遲從遊於舞雩之下。

번지 : 인격을 높이고 잘못을 씻고 멍청하지 않도록 하자면 어떻게 할까요?

曰敢問崇德脩慝辨惑。

공자 : 좋은 질문을 하는구나!

子曰善哉問。

애는 남 먼저 쓰고, 소득은 뒤로 미루는 것이 인격을 높이는 길이 아닐까!

先事後得。非崇德與。

자기의 잘못만을 따지고 남의 잘못은 따지지 않는 것이 잘못을 씻는 방법이 아닐까!

攻其惡。無攻人之惡。非脩慝與。

불쑥 분을 못 참고 몸을 그르쳐 걱정을 부모에게까지 끼친다면 멍청한 짓이 아닐까!

一朝之忿。忘其身。以及其親。非惑與。

번지의 세 질문 중 숭덕의 요령을 두고 공자는 "선사후득先事後得"을 언급했다. 정약용은 이를 다음과 같이 설명한다.

선사후득이란 노고勞苦는 다른 사람보다 먼저 하고 이록利祿은 다른 사람보다 뒤로 한다는 것이다.

先事後得者。勞苦先於人。利祿後於人也。

《논어고금주》

정약용이 해석한 "선사후득"은 얼핏 보면 〈옹야〉편 20장의 선난후획과 큰 차이가 없다. 선사先事는 "노고를 다른 사람보다 먼저 하는 것勞苦先於人"으로, 후득後得은 "이록은 다른 사람보다 나중에 하는 것利祿後於人"으로 풀었다. 그리고 두 용어에 '다른 사람보다[於人]'라는 말을 공통적으로 사용했다.

더욱이 정약용은 이 문장에도 서恕의 의미를 부여했는데, '자신을 위해' 어려움을 먼저 감내하고 '자신의' 이득을 나중에 취하는 것이 아니라 '다른 사람보다' 먼저 어려움을 감내하고 '다른 사람보다' 후에 이득을 취하는 순수한 이타적 행동이 서라고 주장했다. 이렇게 서의 개념은 다른 사람과의 관계가 중요하다. 그 이유는 서가 인을 실현하는 한 가지 방법이기 때문이다. 물론 인을 실현하는 것에는 극기복례, 애인 등 여러 방법이 있지만 정약용은 《논어고금주》에서 특별히 서를 더욱 강조하고 있다. "선사후득"에 대한 설명에서도 이러한 주장은 반복된다.

원래 인을 구하는 방법은 강서強恕하는 데에 있다. 노고는 남보다 먼저 하고 이록은 남보다 뒤로 하는 것이 서恕의 도道이다.

原來求仁之法。在於強恕。勞苦先於人。利祿後於人。恕之道也。

《논어고금주》

"강서強恕"라는 글자는 사서를 통틀어 《맹자》에서만 단 한 번 등장한다. 서恕라는 글자는 《대학》에서는 "소장호신불서所藏乎身不恕"라는 문장에서 '불서不恕'라는 표현으로 한 번 등장하고, 《중용》에서는 "충서위도불원忠恕違道不遠"이라는 문장에서 '충서忠恕'라는 표현으로 한 번 등장했다. 《논어》에서는 이미 살펴본 바와 같이 〈이인〉편 15장에서 '충서'로, 〈위령공〉편 23장에서 '서恕'라는 한 글자로 등장했다. 정리하자면 강서는 서에 관한 《맹자》 고유의 표현 형식인 셈이다.

만물의 이치가 다 내게 갖추어 있느니라. 자기를 반성하면서 정성을 다할 때는 기쁨이란 이루 말할 수 없고, 힘써 충서忠恕의 도를 실천하면 인이란 코앞에 있는 것이다.

萬物皆備於我矣。反身而誠。樂莫大焉。強恕而行。求仁莫近焉。

《맹자》〈진심〉 상편 4장

본서의 13장에서 정약용이 《맹자요의》를 통해 위 원문 속 "만물의 이치"가 일관충서—貫忠恕에 해당하는 것이라 단언했음을 살펴보았다. 또한 다양한 예시를 들어 모든 인간은 보편적 감정과 욕구를 지녔다는 사실, 즉 좋은 것을 먼저 하려는 마음[欲先]을 이해하는 것이 바로 충서의 핵심이라고 정약용은 설명했다. 다시 말해 《맹자》의 강서 역시 다른 사람과의 관계를 살피며 보다 좋은 사회를 추구하도록 이끄는 공감의 정치라 말하는 것이다. 이렇듯 《맹자》의 정치와 《논어》의 "선사후득"을 정약용은 강서라는 한 단어로 요약했다.

17

산과 물
지자요수 인자요산 知者樂水 仁者樂山

지식정보화 시대에 가장 중요한 자산은 지식과 정보다. 지식과 정보는 모두 지知의 영역에 속한다. 이를 구체적으로 말하자면 정보는 '지의 대상'이고, 지식은 정보를 분석하고 판단하는 '지의 활동'이다. 고대에는 지知가 지혜로움[智]까지 포괄하는 더 폭넓은 의미로 쓰였지만, 현대 사회에서는 '정보'라는 좁은 의미로 사용하는 경우가 많다.

현재 동아시아 문화에서 철학이라고 부르는 학문명은 고대 그리스어의 필로소피philosophy를 번역한 것이다. '필로소피'는 '사랑하다'라는 뜻의 '필로philo'와 '지혜'라는 뜻의 '소피아sophia'의 합성어다. 그래서 필로소피를 '지혜학智慧學' 또는 '애지학愛知學'이라고 원어의 의미를 그대로 번역하는 학자들도 있었다. 그런데 고대 동아시아에서는 철학이라는 용어를 사용한 적이 없다. 그렇다고 해서 지혜[知]에 대해서 무관심했던 것은 아니다.

맹자는 인간의 덕성德性을 인仁·의義·예禮·지智 네 가지로 분류했는데, 이 중 특히 인은 공자, 맹자, 순자가 공통적으로 가장 중요하게 여긴 개념이었다. 의는 상대적으로 맹자가 강조했고, 순자는 예를 더 중시했다. '사덕四德'을 중시한 전통은 우리 문화 곳곳에 배어 있는데, 서울 사대문의 이름을 흥인지문(동대문)興仁之門, 돈의문(서대문)敦義門, 숭례문(남대문)崇禮門, 홍지문弘智門이라고 지은 것만 보아도 알 수 있다.

지는 과거에 인·의·예에 비해 덜 강조되었던 개념이지만, 현대에 들어 지식정보화 사회로 이행하면서 오히려 가장 중요한 개념이 되었다. 특히 자본주의 사회에서 지식과 정보는 곧 자본이 되기도 한다. 그러나 지를 단순히 정보와 동일한 것으로 치부할 수는 없다. 지는 정보 그 자체가 아닐뿐더러 또 다른 함의가 있기 때문이다. 정약용은 지를 공감과 관계되었다고 보았다.

우선 지와 관련해 《논어》에서 주요한 문장 몇 개를 살펴보자. 지에 대한 공자의 정의는 〈위정〉편 17장에서 볼 수 있다.

공자 : 유야! 안다는 것을 가르쳐 주랴?
子曰由。誨女知之乎。
아는 것은 안다 하고, 모르는 것은 모른다고 하는 것이 아는 것이다.
知之爲知之。不知爲不知。是知也。

이것은 공자가 자로에게 한 말이다. 소크라테스의 명언이라고 알려진

"너 자신을 알라"라는 델포이 신탁만큼이나 동아시아에서는 이 구절이 지와 관련된 가장 유명한 말일 것이다. 당연하고 단순한 원리지만 지식 사회에서는 그 반대를 추구한다. 현재는 알면서 모른 척하고, 모르면서도 아는 척해야 정보에 대한 가치가 높아지는 비정상적인 시대다.

서양 최고의 철학자 소크라테스의 지혜로움은 무지無知의 자각, 즉 '내가 모른다는 것을 안다는 것'에서 비롯되었다. 마찬가지로 공자 역시 자신의 무지를 인정했다. 〈자한〉편 7장에서 공자는 다음과 같이 말했다.

내게 지식이 있단 말인가? 지식은 없다.
吾有知乎哉。無知也。
그러나 하찮은 사람이 내게 시시한 것을 묻더라도 나는 전후前後를 살펴 극진히 일러 주지.
有鄙夫問於我。空空如也。我叩其兩端而竭焉。

소크라테스처럼 공자도 자신의 무지를 고백했다. 그러나 공자는 무지에서 벗어나는 방법 또한 제시했는데, 바로 "전후前後"라고 번역된 "양단兩端"을 살피는 일이다. 그러니까 한쪽으로만 치우치지 말고, 객관적으로 사물을 바라보아야 무지에서 벗어날 수 있다는 것이다. 그리고 공자는 〈술이述而〉편 19장에서 자기의 무지를 확정했다.

나는 나면서부터 아는 사람이 아니다. 옛것을 즐겨 깍듯이 배운 사람이지.
我非生而知之者。好古敏以求之者也。

공자는 분명 스스로에 대해 "나면서부터 아는 사람生而知之者"이 아니라고 밝혔다. 그러나 한나라 시대 이후 공자를 성인화하는 사업이 이루어지면서 공자는 '알고 태어난 사람'이 되었다. 유학의 민주화가 철저히 부정되는 지점이다. 맹자의 성선설이든 순자의 성악설이든, 유학은 인간 본성[性]의 보편성을 통해 고대 동아시아 나름의 민주주의를 추구했는데 공자의 성인화 작업은 이러한 유교 민주주의에 제동을 걸었다.

그러나 유학이 극단적 엘리트주의로 귀결되는 것을 방지할 수 있는 좋은 문장이 있다. 공자가 지를 좋아하는 것과 즐기는 것을 비교한 〈옹야〉편 18장이다.

안다는 것은 좋아하는 것만 못하고 좋아하는 것은 즐거워하는 것만 못하지.

知之者不如好之者。好之者不如樂之者。

정약용은 이 장에 대해 특별한 설명을 붙이지는 않았다. 《한글 논어》도 정약용의 해석대로 그냥 "안다는 것知之者", "좋아하는 것好之者", "즐거워하는 것樂之者"으로 번역했는데, 주자의 《논어집주》에서는 지의 목적어로 도道를 첨가했다. 도 역시 좋아하고 즐거워하는 것의 대상이 된다.

그러나 《논어》를 해석하며 일관되게 드러나는 정약용의 주장에 따르면, 지의 목적어는 사람[人]이다. 번지가 공자에게 지에 대해 물었을 때, "사람을 아는 것知人"이라고 답했던 것을 이 근거로 삼을 수 있다. 목적어에 사람을 넣어 다시금 해석해 보면 이러하다. 사람을 아는 것[知人]은 사람을 좋아하는 것[好人] 또는 사람을 사랑하는 것[愛人]만 못하다. 그리고 최상의 단계인 '즐거워하는 것'은 결국 맹자가 말한 함께 즐거워하는 "여민동락與民同樂"과 같은 맥락으로 해석할 수 있다. 이는 왕이 백성과 더불어 즐거움을 함께 나눈다는 뜻이다. 다시 말해 다른 사람과 공감하는 즐거움이다.

이러한 시각은 정약용이 〈옹야〉편 21장을 해설한 데서 발견할 수 있다.

> 지혜 있는 이는 서성거리고, 사람다운 이는 고요하다.
>
> 知者動。仁者靜。
>
> 지혜 있는 이는 경쾌하고, 사람다운 이는 장수한다.
>
> 知者樂。仁者壽。

사실 〈옹야〉편 21장의 "지자요수 인자요산知者樂水 仁者樂山"이라는 문장 자체는 현대인에게 큰 의미가 없을지도 모른다. 물을 좋아하는 것이나 산을 좋아하는 것은 단순한 개인의 취향이기 때문이다. 그리고 지자知者가 물만 좋아해야 하는 것도 아니고, 인자仁者가 산만 좋아해야 하는 것도 아니다. 지자든 인자든 물처럼 흘러가야[動] 할 때도 있고, 산처럼 굳건하게 버텨야[靜] 할 때도 있게 마련이다. 여기서 주목할 부분은 마지막 문장에 언급된 "지자의 즐거움知者樂"을 맹자의 "여민동락"과 같이 '공감의 즐거움'이라고 볼 수 있다는 정약용의 해설이다.

인자仁者는 힘써서 서恕를 행하기 때문에 자식에게 바라는 바로써 아비를 섬기고, 아우에게 바라는 바로써 형을 섬기고, 신하에게 바라는 바로써 임금을 섬기고, 벗에게 바라는 바로써 벗에게 먼저 베푼다. 이것은 자신이 다른 사람에게 요구하지 않고 먼저 나로부터 베풀어 나가는 것이니, 그 기상이 후한 덕으로 만물에 혜택을 주는 것이므로 정靜이라고 한 것이다.

仁者强恕而行。故所求乎子以事父。所求乎弟以事兄。所求乎臣以事君。所求乎朋友先施之。此不求於物而先自我施之也。其象爲厚德以澤物。故曰靜。

《논어고금주》

정약용은 〈옹야〉편 21장 속 "인자의 고요함仁者靜"을 설명할 때 맹자의 "강서이행强恕而行"을 언급함으로써, 인자와 지자가 즐거워하는 것의 대상을 '공감'으로 치환시킬 수 있음을 보였다. 인자라고 해서 혼자 고요한 것도 아니고, 지자라고 해서 혼자 즐거운 것이 아니다. 즐거움의 비결은 함께 즐기는 데 있다. 이것을 아는 것이 지혜[知]의 시작이다.

18

공감의 지식
지급지 인불능수지 知及之 仁不能守之

〈위령공〉편 32장은 〈옹야〉편 21장 "지자요수 인자요산知者樂水 仁者樂山"과 더불어, 지知와 인仁을 중심으로 하는 공감정치의 핵심이 담긴 중요한 장이다. 이 장을 설명하기 전에 앞 장에 이어 지와 관련된 《논어》의 주요 문장을 소개하고자 한다. 〈위정〉편 17장에서 공자와 지에 대해서 대화를 나누었던 자로는 〈선진先進〉편 11장에서 공자에게 귀신과 생사를 물었다.

계로가 귀신 섬기는 일을 물은즉

季路問事鬼神。

공자 : 사람 하나도 섬길 수 없으면서 어떻게 귀신을 섬길 수 있나!

子曰未能事人。焉能事鬼。

계로 : 죽음은 어떤가요?

曰敢問死。

공자 : 삶도 모르면서 죽음을 어떻게 안담!

曰未知生。焉知死。

공자는 〈옹야〉편 20장에서 번지가 지에 대해 물었을 때도, 귀신을 언급하며 "귀신은 공경할 뿐 이를 멀리하면敬鬼神而遠之" 되는 것이라고 대답했다. 귀신을 공경하되 적당한 거리를 유지하는 것이 지혜롭다는 말이다. 그런데 정약용의 인생은 '경원敬遠'하지 못했다. 1784년 정약용과 그의 형제들은 큰형수의 제사를 마치고 오는 길에 광암 이벽에게서 사후 세계에 관한 천주교 교리를 듣고 천주교에 빠져들기 시작했다. 유교에 결핍된 '죽음[死] 이후의 삶[生]'을 다룬 천주교 교리가 정약용의 지적 호기심만 자극한 것이 아니라, 마음에 깊은 위로를 주었던 모양이다.

그러나 귀신과 죽음에 관한 공자의 대답은 거의 부정에 가까웠다. 물론 "경귀신敬鬼神"의 원칙 자체가 귀신이나 죽음 이후의 세계를 부정하는 것은 아니다. 인식론적 측면에서 불가지론不可知論적 입장을 표명한 것이다. 귀신이나 사후 세계는 감각기관을 통해 인식해서 긍정하거나 부정할 수 있는 성질의 것이 아니다. 그러니까 귀신보다는 사람에게, 죽음 이후보다는 살아 있는 지금 이 순간에 최선을 다하라는 것이 공자의 생각이었다.

정약용은 《논어고금주》를 저술하고 있을 당시에 천주교 신봉의 혐의로 유배 중에 있었기 때문에, 이 문장을 다소 냉정하게 다루었다. 한때 천주교에 깊이 빠졌던 정약용이지만 유배지에서 그는 다시 공자의 입장으로 선회한다. 정약용은 "하늘을 섬길 때에는 어버이를 섬기는 것과 같이 경애한다事天如事親"라는 《예기》〈애공문哀公問〉편을 인용하며 자신의 입장을 정리했다.

공자의 관심은 귀신이나 죽음 이후의 세계가 아니었다. 현실에서 더 나은 세상을 만드는 것이 그의 가장 큰 관심사였다. 그렇게 좋은 세상을 만들고자 노나라를 비롯해 여러 나라에서 유세하였지만 등용되지 못했다. 최선을 다했지만 주어지지 않는 것에 대해 공자는 천명을 탓할 수밖에 없었다. 《논어》〈요왈堯曰〉편 3장에서 공자는 '명을 아는 것[知命]'에 대해 다음과 같이 말한다.

천명天命을 모르면 참된 인간이라고 할 수 없다.

不知命. 無以爲君子也.

예법禮法을 모르면 몸 둘 곳이 없느니라.

不知禮. 無以立也.

말을 못 알아들으면 사람을 알아볼 수가 없다.

不知言. 無以知人也.

공자는 여기서 "지명知命"뿐만 아니라 "지례知禮"와 "지언知言"을 언급한다. 지례와 지언은 사람과의 관계와 직접적인 관련이 있다. 그런데 명命은 사람의 관계를 벗어나는 것이다. 기술과 문명이 고도로 발달한 오늘날에도 여전히 많은 사람이 자신의 미래[命]를 알기 위해 '거리의 예언자들'을 찾는다. 하지만 공자의 관심 대상은 현대인이 궁금하게 여기는 운세와는 전혀 다르다. 공자는 군자가 되어 더 좋은 세상을 만들기 위해 천명을 알고자 했다. 잘 알려진 〈위정〉편 4장의 "쉰 살에 천명을 알았다五十而知天命"라는 문장은 이러한 맥락에서 이해해야 한다. "지천명知天命"은 초자연적 세계를 알고자 하는 것이 아니라 '다른 사람을 더 이롭게 하기 위한 앎[知]'을 추구하는 것이다. 〈위령공〉편 32장에서 반복해서 나타나는 인에 대한 정약용의 정의는 이러한 맥락에서 이해할 수 있다.

지혜는 넉넉하지만 사람 구실로 뒷받침하지 않으면

知及之。仁不能守之。

비록 얻었더라도 반드시 잃고야 만다.

雖得之。必失之。

〈위령공〉 32장

인이란 목민의 사랑이다.

仁者。牧民之愛也。

《논어고금주》

여기에서 정약용이 《논어고금주》를 저술하면서 《목민심서》를 구상하고 있었음을 짐작할 수 있다. 인을 실현할 수 있는 최상의 조건은 목민이다. 또한 목민관의 자리, 다시 말해 리더의 위치에서 백성을 사랑하는 것이 인의 실현이다. 그리고 이는 서를 행함으로써 이루어진다. 〈자장子張〉편 15장에서 자유子游가 자장에 대해 평가한 대목을 보면, 인과 서의 관계를 이해할 수 있다.

자유 : 내 친구 자장은 남 못하는 일을 잘한다.

子游曰吾友張也爲難能也。

그러나 아직 사람답게 된 것이 아니야.

然而未仁。

자유는 자장을 능력 있는 사람이라고 평가했지만, 인에 대해서는 아직 '불완전하다[未]'고 보았다. 그런데 이 문장만 보아서는 도대체 구체적으로 자장의 어떤 부분이 부족한지 알 수 없다. 주자는 이 문장에 대해 "행실이 지나치게 높으나, 성실하고 간곡한 뜻이 적다行過高 而少誠實惻怛之意"라고 다소 모호하게 설명했다. 그러나 "미인未仁"에 대한 정약용은 설명은 분명하다.

자장은 남들이 능하기 어려운 행실을 능히 행하였다.

子張能爲人所難能之行。

그러나 능히 힘써서 서恕를 행하지 못하였다.

然不能強恕。

《논어고금주》

정약용은 "미인未仁", 즉 '인의 불완전함'의 원인을 "강서強恕"의 결핍으로 제시한다. 앞서 이야기해 왔듯 적극적으로 공감하려고 노력하는 게 강서다. 적당히 역지사지의 입장을 취하는 것이 아니라, 백성 한 사람 한 사람에게 깊이 공감하여 그들을 편안하게 만들어 주는 것이 인의 실현이다. 〈위령공〉편 32장에서 지와 인을 언급하며 마지막에 백성을 이야기함으로써 결국 공감정치의 원리를 설명하고자 했던 것이다. 〈위령공〉편 32장의 전문은 다음과 같다.

지혜는 넉넉하지만 사람 구실로 뒷받침하지 않으면

知及之. 仁不能守之.

비록 얻었더라도 반드시 잃고야 만다.

雖得之. 必失之.

지혜도 넉넉하고 사람 구실로 뒷받침받았더라도

知及之. 仁能守之.

엄격한 태도로 대하지 않으면 백성들이 존경하지 않는다.

不莊以涖之. 則民不敬.

지혜도 넉넉하고 사람 구실로 뒷받침받았고

知及之. 仁能守之.

엄격한 태도로 대하더라도 질서 있게 백성들의 활동을 도와주지 않으면 잘된 일은 못된다.

莊以涖之. 動之不以禮. 未善也.

정약용은 여기에서 핵심개념인 인에 대해 다음과 같이 설명한다.

인이란 사람이다. 어버이를 친애하고 어른을 공경하고, 임금에게 충성하고 무리에게 자애하는 것이 이른바 인이다. 인을 구한다는 것은 반드시 힘써 서를 베푼다는 것이고, 힘써 서를 베푼다는 것은 반드시 나 자신을 이겨야 하는 것이다. 주자가 사욕을 끊는 것을 인으로 한 것은 진실로 이 때문이다. 그러나 나 자신을 이기는 것은 인을 구하는 방법이며, 곧바로 인이 되는 것은 아니다.

仁者人也。愛親敬長忠君慈衆。所謂仁也。求仁者必强恕。强恕者必克己。朱子以
絶私欲爲仁。良以是也。然克己是求仁之方。非卽爲仁也。

《논어고금주》

정약용은 공감의 정치와 관련된 또 다른 핵심개념으로 "극기克己"를 제시
하고 있다. 이른바 사욕私欲을 끊는 것이다. 과연 "극기위서克己爲恕"가 무엇인
지 다음 장에서 살펴보자.

호모 엠파티쿠스(3)
기소불욕 물시어인 己所不欲 勿施於人

우리말에서 '공감'은 함께[共] 느낀다[感]라는 의미에서 동감同感, 동정同情, 연민憐憫 등으로 다양하게 표현한다. 그러나 공감이라는 단어가 소통과 함께 많이 사용되면서 다른 단어들보다 주로 쓰이고 있다.

정약용이 서를 설명하면서 '미루어[推] 헤아리다[恕]'라는 공감의 의미를 강조했듯이 서는 공감의 전통적인 표현이다. 그러나 요즘 사람들이 서를 용서와 구분해 공감의 의미로 받아들이기는 쉽지 않다. 한자사전에 나오는 서恕의 합성어들도 용서의 의미를 띠는 것들이 대부분이다. 대표적으로 양서諒恕 또는 서량恕諒, 서유恕宥 또는 유서宥恕, 서면恕免, 서죄恕罪 등인데, 특히 '면免'과 '죄罪'라는 한자어와 어울려 쓰이는 것을 볼 때 '죄를 면해 주는' 용서의 의미로 쓰이는 것을 확인할 수 있다. 관서寬恕, 인서仁恕라는 단어도 등재되어 있지만 주로 용서와 관련된 뜻으로 풀이하고 있다.

정약용이 서의 의미로 추서를 강조하던 때의 상황도 지금과 별반 다르지 않았다. 그래서 사서 중에서 특히 《논어》를 서와 관련된 해설로 설명하고, 《대학》의 혈구絜矩를 인용해 공감의 의미를 드러내고자 한 것이다.

그런데 혈구와 서를 연결한 것이 정약용만의 독창적 발상은 아니다. 다만 정약용은 그 해석에서 더 나아가 혈구를 통해 "선난후획(또는 선사후득)"에 포함된 서의 의미까지 명확하게 드러내었다. 어려움을 먼저 감당하고 이득을 나중에 취하는 태도는 공직자나 정치 리더에게 요구되는데, 이는 공감정치의 기본 원리를 제시한 것이었다.

선난후획 또는 선사후득은 극기克己와 관련되어 있다. 집권층은 사리사욕을 떠나 공정하게 일을 처리해야 하고, 바로 이 사리사욕을 끊는 것이 극기다. 지금 우리 사회에서 '공정'이 이슈로 대두된 것은 각계각층 리더들이 겉으로는 대의大義를 추구한 것인 양 행동하면서, 실상은 개인의 이익을 추구해 왔던 것이 드러났기 때문이다.

이러한 차원에서 볼 때, 〈위령공〉편 23장이나 〈안연〉편 2장의 "기소불욕 물시어인"을 단순히 낭만적 의미의 공감으로 봐서는 안 된다. 오히려 정치적 의미의 공감[恕]으로 보아야 한다. 정약용이 주장하는 서는 정치적 공감이자 공정과 밀접한 개념이다. 서에 대한 이러한 인식은 주자가 먼저 보여주었다.

중궁이 사람 구실에 대하여 물은즉
공자 : 밖에서는 큰손님을 만나보 듯하고, 백성을 부리되 큰제사를 받들 듯하며 내가 당하기 싫은 일은 남에게도 하지 말라.

그러면 나라에서도 원망을 안 듣고 집안에서도 원망을 안 듣게 될 것이다.

중궁 : 제가 비록 불민하지만 말씀대로 해 보겠습니다.

〈안연〉 2장

중궁이 사람 구실을 물었을 때, 공자는 "밖에서는 큰손님을 만나보 듯 하라", "백성을 부리되 큰제사를 받들 듯하라" 그리고 "내가 당하기 싫은 일은 남에게도 하지 말라" 이렇게 세 문장으로 대답했다. 주자는 이것을 둘로 나누고는 아래와 같이 정리했다.

경敬으로써 몸가짐을 하고 서恕로써 남에게 미치어 나간다.

敬以持己。恕以及物。

《논어집주》

앞선 두 문장을 경敬으로, 마지막 문장을 서恕로 풀었다. 이때의 "경이지기敬以持己"는 퇴계 이황이 선조에게 올린 《성학십도》에도 '지경持敬'이라는 단어로 등장한다. 경건을 유지한다는 뜻으로, 주자의 경이지기를 축약한 것이다.

이러한 경이지기와 함께 주자는 이어 《논어집주》에서 "경을 위주로 하여 서를 실천하라"라는 "주경행서主敬行恕"를 제시한다. 유학 전통에서 증자가 서를 '충서'라 표현한 것이 서보다 충을 강조하게 만드는 결과를 가져왔다. 성리학에서는 주자가 '주경행서'를 주장하면서 서보다 경이 강조되고 말았다.

《논어》〈안연〉편 2장		《논어집주》	
出門如見大賓 밖에서는 큰손님을 만나보 듯하라	使民如承大祭 백성을 부리되 큰제사를 받들 듯하라	→ 敬以持己 경으로써 몸가짐을 하고	→ 主敬 경을 위주로 하여
己所不欲 勿施於人 내가 당하기 싫은 일은 남에게도 하지 말라		→ 恕以及物 남에게 미치어 나간다	→ 行恕 서를 실천하라

내용을 간단하게 정리하면 위 도표와 같다. 그런데 〈안연〉편 1장에서 안연이 공자에게 인에 대해 물었을 때, 공자는 "극기복례克己復禮"라고 하며 경과 연관 지어 설명했다. 실제 경을 언급한 건 아니지만 사욕을 이기는 것과 예법을 지키는 것은 기본적으로 경을 기반으로 삼기 때문이다. 그리고 이어지는 〈안연〉편 2장에서 주자는 경과 서를 담아 "주경행서"라고 해석하되, 핵심은 경에 있다고 주장한다. 이렇게 주자는 공자가 안연과 중궁 모두에게 인은 곧 경이라는 가르침을 준 것이라 본 것이다. 그러나 정약용은 이러한 해석에 다음과 같은 의문을 제기한다.

> 주경主敬은 곧 복례復禮다. 다만 공자는 인仁의 질문에 답할 때는 매양 서恕를 힘써 행하라고 말하였는데, 유독 안연에게 답할 때만 서恕를 말하지 않은 것 같다.
>
> 主敬卽復禮。但孔子於問仁之答。每言強恕。而獨於顏淵之答。似不言恕。
>
> 《논어고금주》

정약용은 주자가 〈안연〉편 2장에 대해 경과 서를 함께 제시한 반면, 〈안연〉편 1장의 극기복례에 대해 경만 강조한 것에 약간 불만을 느꼈던 듯하다. 자신의 해석으로는 극기복례는 물론, 《논어》의 핵심은 서인데 유독 공자가 안연에게만 서를 말하지 않았기 때문이다. 따라서 정약용은 위와 같은 해설을 《논어고금주》에 실어, 공자가 자공(《위령공》편 23장 참조)과 중궁에게 "기소불욕 물시어인"이라는 말로 서恕를 직접 전수해 준 것처럼 안연에게도 극기克己로 서의 의미를 전달했다고 주장한다.

그러나 "자기가 서고자 하면 남을 세워 주고, 자기가 달達하고자 하면 남을 달達하게 해 주고, 자기에게 베풀어 원하지 않는 것을 남에게 베풀지 말라"는 말은 모두 극기다.

然己欲立而立人。己欲達而達人。施諸己而不願。勿施於人。皆克己也。

《논어고금주》

이렇게 정약용은 "기욕립이립인", 기욕달이달인", "물시어인" 등 《논어》에 등장하는 서와 관련된 문장들을 총동원해 안연이 전수받은 극기가 서와 같은 의미라고 주장한다.

그렇다면 극기는 서恕이니, 앞뒤의 말이 모두 한 가지 뜻이다.

然則克己爲恕。前後之言。皆一意也。

《논어고금주》

주자가 〈안연〉편 2장에서 "주경행서"를 주장한 것을 발전시켜서, 정약용은 〈안연〉편 1장의 극기까지 서와 동일한 것으로 보았다. 이러한 정약용의 주장에 따라 안연도 '공감의 정치학' 계보에 들어가게 된다.

공감의 달인

달야자 질직이호의 達也者 質直而好義

오늘날 우리에게는 손암巽庵 정약전丁若銓. 1758-1816보다 그 동생인 정약용이 더 많이 알려져 있다. 정약전이 흑산도 유배지에서 저술한 《자산어보兹山魚譜》를 소재로 한 영화가 만들어지기도 했지만, 여전히 정약전은 정약용의 형으로 소개된다. 그러나 정조 당시 조정에서는 정약전이 더 주목받는 인물이었다. 정확히 말하면 정약용보다 더 위협적인 인물로 여겨져, 더 멀고 험한 흑산도로 유배되었다는 것이 일반적인 평가다. 즉 과거에는 형 정약전이, 현대에는 동생 정약용이 더 '유명인'이라 할 수 있다.

근래에는 유명인이라는 한자어보다 '셀러브리티', 줄여서 '셀럽'이라는 말을 더 많이 사용한다. 이전에는 TV나 신문에 노출된 사람들이 주로 유명세를 탔지만, 지금은 유튜브 등 SNS를 통해서 유명해지는 경우도 많다. 보통 처음에는 그 분야에 관심 있는 사람들 사이에서만 회자되다가 대중매체에 나와 더 널리 알려지곤 한다. 과거에도 그런 유명인을 지칭하는 표현이 있었다. 바로 '달인達人'이 고대의 셀럽을 가리키는 말이었다. 그리고 《논어》에도 해당 단어가 등장하는 장이 있다.

> 자장이 선비는 어떻게 되어야 사리에 툭 틔었다고 할 수 있는가를 물은즉
>
> 子張問士何如。斯可謂之達矣。
>
> 공자 : 어떤 것 말이냐? 네가 사리에 툭 틔었다는 것은!
>
> 子曰何哉。爾所謂達者。
>
> 자장 : 나라 안에서도 이름을 날리고, 집안에서도 이름을 날려야 합니다.
>
> 子張對曰在邦必聞。在家必聞。
>
> 〈안연〉 20장 a

〈안연〉편 20장에 언급되는 "사리에 툭 틔었다達"라는 해석이 곧 우리가 떠올리는 유명인과 연결되는 부분인데, 정약용은 이 구절을 두 가지로 풀이했다.

> 달사達士에는 두 가지가 있는데, 덕의德義가 사방에 이르게 된 자를 달인達人이라 하고, 명성[名聞]이 사방에 이르게 된 자 또한 달인이라 한다.
>
> 達士有二。德義四達者。謂之達人。名聞四達者。亦謂之達人。
>
> 《논어고금주》

예전 코미디 프로그램의 코너 제목으로 '달인'이라는 말이 사용되면서 크게 유행한 적이 있다. 여기서 달인은 어느 한 분야에서 도道가 튼 사람, 말 그대로 '통달通達한 사람'을 가리켰다. 정약용의 달인에 대한 첫 번째 정의

가 그러한 부류에 해당한다. 그런데 〈안연〉편 20장에서 자장은 선비[士]로서 통달하는 방법을 물었기 때문에 정약용은 덕의德義, 그러니까 "덕성德性과 신의信義가 사방에 이르게 된 자"라 풀이했다. 그리고 달인에 대한 두 번째 정의는 지금 우리가 이해하는 유명인 또는 셀럽에 부합한다.

다시 〈안연〉편 20장을 살펴보자. 《한글 논어》에서는 자장의 질문 속 달을 "사리가 툭 틔었다"라고 옮겼다. 이러한 번역은 정약용의 달인 해석 가운데 도가 '트이다'라는 첫 번째 의미를 취한 것으로, 자장은 공자에게 선비로서 통달[達]하는 것이 어떤 것인지 물은 것이다. 그런데 공자는 그 질문을 듣더니, 자장이 말한 달이 두 가지 중에서 어떤 의미냐고 되물었다. 그러자 이번에 자장은 "나라 안에서도 이름을 날리고, 집안에서도 이름을 날려야 합니다在邦必聞 在家必聞"라며 두 번째 의미를 택했다. 이 문장은 원문에서 "문聞"으로 되어 있는데, 정약용은 이것을 '유예有譽', 즉 '유명有名'으로 설명했다.

자장이 질문을 이랬다저랬다 한 까닭은 선비의 통달이 두 가지로 나눠짐을 이해하지 못했기 때문이다. 그래서 공자는 그에게 진정한 달의 의미를 설명한다.

그것은 이름을 날리는 것이지 사리에 툭 튄다는 것이 아니다.
是聞也。非達也。
대체로 사리에 툭 튄다는 것은 인품이 곧고 바른 것을 좋아하며
夫達也者。質直而好義。

남의 말과 얼굴빛을 살피면서 항상 남의 밑에 들 것을 생각하는 것이다.

察言而觀色。慮以下人。

그러기에 나라에서도 사리에 툭 틔고, 집안에서도 사리에 툭 틔게 된다.

在邦必達。在家必達。

〈안연〉 20장 b

대부분 달인에 대해 자장처럼 유명인 또는 셀럽으로 잘못 이해하곤 하지만, 그것은 "이름을 날리는 것[聞]"에 불과하다. 공자는 달達을 "질직이호의質直而好義"라고 설명했다.

정약용은 질직을 안으로 신실한 것[內實]으로, 호의를 밖으로 나타나는 행위[外行]로 구별했다. 종합해 말하면 내면의 참된 면[內實]이 질박하고 정직[質直]하며, 외면의 행위[外行]로 정의를 좋아함[好義]이 나타나는 것이 달의 진정한 경지인 것이다.

이어서 공자는 "찰언관색察言觀色"과 "여이하인慮以下人"을 제시했는데, 이는 남의 말과 얼굴빛[言色]을 관찰觀察해 헤아려[慮] 몸을 낮추는 것이다. 중국 후한後漢의 주석가 마융馬融은 이 구절을 "언어를 살피고 안색을 관찰하여察言語觀顏色 그 하고 싶은 바를 아는 것이다知其所欲"라고 해석했는데, 정약용은 이를 인용하고는 거기에 남[人]을 더해 "남의 하고 싶은 바를 아는 것이다知人之所欲"라고 풀었다.

정약용이 설명한 "지인지소욕"에서 인지소욕人之所欲은 '기소불욕己所不欲'과 대칭 구조를 이룬다. 전자는 '남이 원하는 것'이고 후자는 '내가 원하지 않는 것'이라는 뜻이다. "내가 원하지 않는 것을 남에게 하지 않는다"라는 것은 곧 남이 원하는 것을 아는 것[知]과 사실상 같은 의미다. 공감을 부정문으로 표현했느냐, 긍정문으로 표현했느냐의 차이가 있을 뿐이다. 결국 정약용이 말하는 "달사達士"는 공감[恕]할 줄 아는[知] 사람이다. 이러한 해석과 관련해 정약용은 달사와 문인聞人의 행실을 다음과 같이 구별한다.

달사達士의 행실은 충성스럽고 서恕를 행하며 겸손하나, 문인聞人의 행실은 속이고 독차지하고 교만하니, 그 실정의 상반됨이 마치 음양과 흑백처럼 그러하다.

達士之行。忠也恕也謙也。聞人之行。詐也專也驕也。其情相反。如陰陽黑白然。

《논어고금주》

정약용은 달사의 행실을 충과 서 그리고 겸謙으로 정의한다. 달사가 지녀야 할 행실로써 충을 든 것은 〈이인〉편 15장에서 증자가 말한 충서를 떠올리면 된다. 겸은 《주역》의 15번째 괘 이름이기도 한데, 주자는 《주역본의》에서 이를 풀이하며 "유이불거有而不居", 즉 "소유하면서도 자처하지 않는다"라고 말했다. 이렇듯 달사의 행실은 허(속임)詐와 전(독차지)專, 교(교만)驕라는 문인의 행실과 상반된다. 정약용이 묘사대로 둘의 행실 차이는 음양과 흑백의 차이만큼 선명하다.

다시 〈안연〉편 20장으로 돌아와 마지막 문장을 살펴보자.

대체로 '이름을 날린다는 것[聞]'은 얼굴빛은 사람답게 꾸미면서 행동은 엉뚱하고 그러면서도 조금도 자기 행동을 의심하지 않는다.

夫聞也者。色取仁而行違。居之不疑。

그러면 나라에서도 이름은 날리고 집안에서도 이름은 날리게 되는 거다.

在邦必聞。在家必聞。

〈안연〉 20장 c

공자는 앞서 달사를 선비의 바람직한 이상향처럼 서술한 것과는 상반되게 문사文士에 대해 꽤 시니컬한 태도를 보인다. 선조들이 특히 중요하게 여기던 의식으로 의리명분義理名分이 있다. '의리義理'는 사물에 대한 태도를 나타내는데, 기본적으로 일[事]을 할 때 올바름[義]을 추구하며, 물건[物]을 이치[理]대로 사용하는 것이다. 그리고 '명분名分'은 일이 이름[名]에 맞게 나누어져야[分] 한다는 것이다. 지금은 의리와 명분이 희화화되거나 걸림돌처럼 부정적으로 인식되기도 하지만, 누군가에게 '이름이 있다[有名]'면 그 이름에 걸맞게 행동해야 한다는 사실은 여전히 유효하다.

그렇다고 해서 모든 유명인들에게 무거운 책임이 요구되는 것은 아니다. 유명인의 범주에 들어간다고 해서 모두에게 엄격한 윤리의식을 요구하기에는 무리가 있다. 그러나 사회적 영향력을 지닌 존재라면 공인이 아닌 연예인일지라도 누구나 대외 활동에 신중을 기하는 태도가 필요하다. 물론 공직자와 정치인들은 말할 것도 없다.

21

공감의 고전학

일자서야 一者恕也

정약용의 일생에 가장 큰 영향을 미친 정조는 사도세자의 아들이다. 정약용은 사도세자가 뒤주에 갇혀 죽은 해(1762년)에 태어났다. 그리고 정조가 즉위한 해(1776년)에 정약용은 풍산 홍씨 홍화보의 딸과 혼인을 맺었다. 정조에게 일생일대의 사건들이 일어난 시점이 정약용 일생의 시작점들과 일치한다는 사실은 정조와 정약용의 운명적 관계를 보여 주는 듯하다. 이렇듯 정약용의 인생에 중요한 시기는 유독 정조와 깊은 관련이 있다.

1776년, 정조는 즉위하자마자 규장각을 세웠다. 세종이 만든 집현전이 롤모델이었다. 정조는 규장각에서 젊은 문신들을 특별연구과정생으로 선발해 집중 교육하였는데, 그것이 바로 초계문신抄啓文臣 제도다. 초계문신은 정조 5년, 1781년에 시작되었고 그 후 2년이 지난 1783년, 정약용은 22세에 성균관에 입학해 초계문신으로 발탁되어 정조의 후원 아래 비약적으로 학문을 발전시킬 수 있었다.

초계문신들에게는 월과月課라고 해서 매달 과제가 부여되었다. 1791년 7월에 정조는 《논어》를 주제로 초계문신들에게 여러 질문을 던졌다. 정약용은 이때 작성한 《논어》에 관한 정조와 자신의 문답을 〈논어대책論語對策〉이라는 편명으로 엮었다. 〈논어대책〉에서 정조는 서에 대해 다음과 같이 질문했다.

'일관一貫'은 동일한데, 증자에게는 '행行'을 말한 것이라 하고, 자공에게는 '지知'를 말한 것이라 하였다. 인仁을 물은 것도 동일한데, 안연에게는 건도乾道로 말하고, 중궁에게는 곤도坤道로 말하였으니, 어째서인가?
一貫一也。而在曾子則曰言行。在子貢則曰言知。問仁一也。而在顔淵則曰乾道。在仲弓則曰坤道。何歟。

본서에서 몇 차례 다룬 '일관一貫'은 일이관지一以貫之의 줄임말이다. 이 네 글자는 《논어》에서 공자가 증자와 자공에게 전수해 줄 때 단 두 번 등장한다. 정조는 먼저 공자가 '일관'을 왜 '행行'과 '지知'로 다르게 말했는지 물었다. 그런데 사실 공자는 증자에게 행을 언급하지는 않았다. 〈이인〉편 15장에서는 "나의 도는 하나로 꿰뚫었다吾道一以貫之"라고 말했을 뿐이고, 이에 대해 증자가 문인들에게 "선생님의 도는 충서뿐이다夫子之道 忠恕而已矣"라고 전한 것이 전부다.

〈위령공〉편 2장 자공과의 대화에도 지가 언급되어 있지 않다. 공자가 자공에게 "너는 내가 많이 배워서 아는 자라고 생각하느냐女以予爲多學而識之者與"라고 질문했을 뿐이다. 물론 다학多學과 식識은 지의 범주에 들어간다. 박학다식博學多識이라는 표현 속 '박학'은 '다식'과 거의 같은 의미다. 자공은 공자를 박학다식하다고 인정했지만, 막상 공자는 자신이 박학다식형 지식인이 아니라고 부정했다. 여기서도 공자는 "나는 하나로 꿰뚫었을 뿐이다予—以貫之"라고 말할 뿐이었다. 비록 정확한 질문은 아니었지만, 출제의도를 파악한 정약용은 정조의 첫 번째 질문에 대해 다음과 같이 답했다.

'일관—貫'을 어떤 때는 '지知'로 말하고 어떤 때는 '행行'으로 말한 것에 대해 신은 생각하건대 도道란 사람이 행해야 하는 바입니다. 증자에게 말하면서 '오도吾道' 두 자가 있으니, 이는 이른바 '행'입니다. 배움이란 사람이 알아야 하는 바입니다. 자공에게 말하면서 '다학多學'이란 한 구절이 있으니, 이는 이른바 '지'입니다.

一貫之或知或行。臣以爲道者人之所行。語曾子而有吾道二字。則此所謂行也。學者人之所知。語子貢而有多學一節。則此所謂知也。

정약용의 대답은 간단명료하다. 먼저 일관을 행으로 말한 것에 대해 공자가 말한 "오도일이관지吾道—以貫之"의 오도吾道를 근거로 삼았다. 길[道]은 기본적으로 사람이 다니는[行] 곳이다. 도道는 '길'을 뜻하는 일반명사지만, 도교道敎나 도가道家 같은 명칭 때문에 노장(노자와 장자)老莊과 관련된 종교나 철학의 핵심개념으로 사용되기도 했다. 그러나 한편으로는 동아시아 지식인들이 추구하는 가장 높은 경지의 개념으로 널리 사용되어 신유학新儒學이나 성리학을 '도학道學'이라고 부르기도 했다. 이와 같이 유학자들이 유학을 도학이라고 명명하면서, 유학에서 도道의 실천성[行]은 더 강조되었다. 유학자들이 추구하는 가장 높은 도의 경지는 형이상학적인 개념이 아니라, '실천'해서 궁극적으로 백성을 편하게 해 주는 것이다.

그러나 백성들을 편하게 해 주는 방법, 즉 유학자들의 궁극의 정치술은 배워야 이룰 수 있다. 이것이 공자가 자공에게 '다학'이라고 지를 언급한 까닭이다. 도가와 노장 사상은 아무것도 하지 않고 자연 그대로의 상태를 유지하는, 이른바 무위자연無爲自然을 추구했지만 유학자들은 '배움'을 강조했다. 이러한 도의 지적인 측면이 학식이다. 물론 백성을 위한 정치가 단순히 학식으로만 충족되는 것은 아니다. 공감할 줄 알고[知], 공감의 정치를 실천[行]하는 것이 유학이 추구하는 도의 궁극적 목표다. 그렇기에 공자는 일관을 증자와 자공에게 행과 지, 두 가지로 전수한 것이다. 정약용은 이어서 다음과 같이 설명한다.

'일一'이란 서恕이니, 서恕를 행하여 인仁을 이루는 것이 진실로 '일관一貫'이며, 서를 알아 인에 힘쓰는 것도 또한 '일관'이니, 지와 행을 따로 하여 이것이 차이가 있는 것이라고 의심해서는 안 됩니다.

然一者恕也。行恕以成仁。固一貫也。知恕而強仁。亦一貫也。不可以知行之別。而疑其有異也。

정약용은 일관一貫의 일一이 서라고 단언한다. "서를 행하여 인을 이루는 것行恕以成仁"도 일관이고, "서를 알아 인에 힘쓰는 것知恕而強仁" 또한 일관이라고 주장한다. 일은 곧 서이며 지와 행은 모두 서를 대상으로 한다. 다시 말해 서를 알고[知], 서를 행해야[行] 한다는 것이니, '일관'이라는 것은 서를 대상으로 삼아 아는 것과 행하는 것을 '일치'시키는 것이다. 그야말로 서를 중심에 둔 '지행합일知行合一'이다.

정약용의《논어고금주》는 유배기인 1813년에 완성되었지만, 서에 대한 이론은 이미 규장각 초계문신 시절부터 형성되어 있는 것을 확인할 수 있다. 정조와의 문답에서 일관에 대해 서라고 주장한 것이 정약용만의 독특한 견해라고 할 수는 없지만 유배지에서《논어》에 대한 해설서를 집필하면서도 계속 이 입장을 견지한 것을 볼 때, 서가 정약용 사상의 핵심이라고 할 수 있다.

물론 〈논어대책〉을 작성할 당시 정약용의 서에 대한 생각은 단지 하나의 아이디어에 불과했다. 그러나 정조 생전에 많은 일들을 감당하며 실제 백성들의 삶을 경험한 정약용은 유배지에서 자신의 이론을 확장해 나갔다. 자신이 처한 괴로운 상황에 대한 돌파구라는 의미도 있겠지만, 정약용이 주장한 공감의 정치는 진정 백성을 위하는 것이었고, 오늘날 우리에게 적용하면 더욱 성숙하고 진정성 있는 민주주의로 나아가도록 돕는다.

혐오의 시대, 아동학대, 젠더갈등, 내로남불 등 사회적 이슈에 대해 여러 대책들이 쏟아져 나오고 있다. 그러나 그 누구보다 혹독하게 시대의 혐오를 감내했던 정약용의 주장에 귀를 기울인다면 해답을 찾을 수 있다. 정약용이《논어》를 해설하며 끝까지 견지했던 공감[恕]의 정신은 지금 우리에게 큰 울림을 준다. 고전古典이 말 그대로 '옛날 책'에 그치지 않고 나와 연고緣故가 있는 고전故典이 되기 위해서는 우리 시대의 눈으로 읽을 필요가 있다. 정약용의 서를 '공감'으로 읽는 것도 고전古典을 고전故典으로 살리는 일이다.

공감의 시학

인심단적기심여 人心端的己心如

조선의 유학자들은 곧 철학자들이다. 그러나 그들의 철학을 집약적 또는 단적으로 보여 주는 저술은 많지 않다. 퇴계의 《성학십도》나 율곡의 《성학집요》 같은 철학서들은 문집에서 잡저雜著라는 범주에 속해 있고, 대부분 시詩나 서간[書]이 그 안에 자리하고 있다. 요즘 시나 편지 같은 글은 문학, 즉 서정적인 갈래에 속한다. 하지만 조선 유학자들은 문학을 통해 자신의 사상을 표출하는 일이 많았다.

정약용의 문집 《여유당전서與猶堂全書》에는 〈자의시字義詩〉가 수록되어 있다. 이 시는 성리학의 주요 용어라 할 수 있는 인仁, 경敬, 성性에 대한 7언 절구를 두 수씩 지은 것이다. 그리고 누구보다 서恕를 중시한 만큼 서에 대한 시도 두 수가 실려 있다. 첫 수는 다음과 같다.

남의 마음도 단적으로 내 마음과 같나니

人心端的己心如。

사욕 이겨 남을 따르면 서恕가 유여有餘하지만

克己徇人恕有餘。

만일 내버려 두는 걸 서恕로 간주한다면

若把縱容看作恕。

남과 내가 똑같이 구렁텅이에 빠지리라

和人和己納溝渠。

〈서자이수恕字二首〉a

"인심단적기심여人心端的己心如"라는 첫 구절에는 인심心과 기심己心이 등장하는데, 기소불욕 물시어인에서 기己와 인人을 가져와 뒤에 '심心' 자를 붙인 것이다. 그리고 마지막에 '서恕'를 구성하고 있는 글자인 '여如' 자를 넣어 마무리했다. 두 번째 구절 "극기순인서유여克己徇人恕有餘"에서는 공자가 안연에게 전수한 극기克己를 인용했고, 세 번째 구절 "약파종용간작서若把縱容看作恕"에서는 '내버려 두다'라는 의미의 종용縱容이 쓰였다. 정약용이 "서는 용서가 아니라 추서다"라고 한 것을 감안할 때 이 구절에서 용容은 부정적 의도로 사용한 말이다. 이어지는 두 번째 수는 다음과 같다.

곡례曲禮 삼천三千 조목이 하나로써 관통되나니

曲禮三千一貫之。

인을 구하기 가장 가까워 의심할 여지 없네

求仁莫近更無疑。

한 이치를 가지고 고묘高妙함을 담론치 말라

休將一理談高妙。

우리의 도는 원래부터 비근한 데에 있다오

吾道由來在邇卑。

〈서자이수〉 b

처음 구절 "곡례삼천일관지曲禮三千一貫之"는 경을 내포하는 '곡례삼천曲禮三千'이라는 예禮의 조목條目이 하나로써 관통된다[一貫之]는 뜻이다. 그리고 "일관지一貫之"는 공자가 증자와 자공에게 언급한 일이관지를 말하는 것이다. 이게 서에 대한 시라는 것을 감안할 때 증자에게 말한 의미를 표현했다고 볼 수 있다. 다음 구절 "구인막근경무의求仁莫近更無疑"는 《맹자》〈진심〉편 4장의 "강서이행 구인막근언强恕而行 求仁莫近焉"에서 인용한 것이고, 마지막 구절 "오도유래재이비吾道由來在邇卑"에서 '오도'는 공자가 증자에게 전수한 "오도일이관지吾道一以貫之"와 관련이 있다.

이 두 수의 짧은 한시 안에 앞서 본서에서 다룬 내용들이 집성되어 있다. 정약용의 '서에 대한 철학'을 이해했다면 이것이 얼마나 압축적으로 잘 표현한 시인지 알 수 있다.

정약용은 사서가 서 한 글자에 관한 주석이라고 단언했다. 또한 사서에 관한 해설서 외에도 정약용의 문집 곳곳에서 서가 강조된 것을 볼 수 있다. 반산盤山 정수칠丁修七, 1768~?에게 보낸 글에서 서를 언급한 부분은 다음과 같다.

공자의 도道는 효제孝弟일 뿐이다. 이것으로 덕을 이루는 것을 일러 인仁이라고 하며, 헤아려 인을 구하는 것을 일러 서라고 한다. 공자의 도는 이와 같을 뿐이다.

孔子之道。孝弟而已。以此成德。斯謂之仁。忖以求仁。斯謂之恕。孔子之道。如斯而已。

《여유당전서》

정약용은 《논어》〈이인〉편 15장에 언급된 공자의 도를 효제孝弟, 인 그리고 서와 관련지어 설명했다. "헤아려 인을 구한다忖以求仁"에서 촌忖은 정약용이 강조한 추서를 다르게 표현한 것으로 《논어고금주》에도 언급되었다.

정약용은 녹암鹿庵 권철신權哲身, 1736~1801의 묘지명을 지으면서, 1789년 초계문신으로 희정당에서 정조와 《대학》에 관하여 토론한 것을 추억하며 다음과 같이 적었다.

지난 경술년 겨울에 내가 희정당에 입대入對하여 각신 김희金熹 등과 《대학》을 강론한 적이 있었는데, 공이 그 강론을 보고 매우 기뻐하며[喜] 칭찬을 아끼지 않았다.

昔在庚戌冬。鋪入對于熙政堂。與閣臣金熹等講大學。公覽其講說。亟加獎詡。喜不自勝。

《여유당전서》

권철신은 성호 이익의 가장 뛰어난 제자로 성호학파의 수장이 되었는데, 천주교 박해가 극에 달한 신유사옥辛酉邪獄(1801) 때 천주교 신봉의 죄목으로 처형당했다. 정약용 본인도 같은 죄목으로 유배를 온 상황에서 권철신의 묘지명을 쓰기란 부담스러울 수밖에 없었다. 그러나 정약용은 기꺼이 권철신의 묘지명을 찬술纂述했다. 그리고 거기에서 권철신이 자신의 학문에 대해 감탄하고 기뻐했다는 내용을 은근히 드러냈다. 이러한 내용을 서술하면서 정약용은 사서와 관련된 자신의 업적을 밝혔는데, 그중에서도 가장 큰 업적은 《논어》의 '일관지도一貫之道'가 서임을 바르게 밝힌 것이라고 하였다.

사서에서 인仁과 서恕가 '일관一貫'하는 바른 뜻을 찾아낸 것들이 있으니, 만약 공이 살아 있을 때 내가 돌아왔다면 공의 기쁨[愉]에 어찌 끝이 있었겠는가.

於四書得仁恕一貫之正旨。若使公在而鏞還。公之愉。豈有旣哉。

《여유당전서》

정약용은 여홍汝弘 이재의李載毅, 1772~1839에게 보내는 편지에서도 자신의 일관된 서에 대한 입장을 표명한다.

서恕는 인仁을 하는 방법입니다. 그런데 인을 인식한 것이 이미 잘못되었기 때문에 따라서 서를 인식한 것도 잘못되어, 공자와 증자가 말씀하신 '일관一貫'의 요결을 다만 '일리만수一理萬殊'요 '말부합일末復合一'인 줄만 알고 사실은 '일一'이 바로 서라는 것은 모릅니다. 여기에서 이른바 서란 것은 바로 인을 하는 방법입니다.

恕者仁之方也。認仁旣誤。認恕隨錯。於是將孔曾所言一貫之要訣。亦但知一理萬殊。末復合一而已。實不知一者卽恕也。所謂恕者。卽仁之方也。

'일언一言'으로 종신토록 행할 만한 것이 있느냐는 자공의 질문에 대하여 공자께서는 하나의 서 자로써 대답하셨으니 그렇다면 서 자가 '오도吾道'와의 관계에 있어 어떻다 하겠습니까? 자공이 이른바, '일언'이란 바로 한 글자이니 한 글자로써 종신토록 행할 만한 것을 찾는다면 모든 운서韻書에 실려 있는 1만 3천 3백 45자 가운데서 이 서 자보다 나은 것은 없을 것 같습니다.

子貢問一言可以終身行之者。孔子答之以一恕字。則恕字之關於吾道。爲何如也。子貢所謂一言者一字也。一字而可以終身行之。則凡韻書所載一萬三千三百四十五字。若無以加乎恕字之上者矣。

공자의 말씀에 "서를 힘써 행하면 인을 구하는 데 이보다 가까운 것이 없다"라고 하셨습니다. 이로 본다면 서라는 것은 '구인求仁'을 하는 쓰임[用]에 불과한 것이 마치 밥이 활인活人의 쓰임에 불과한 것과 같으니, 그렇다면 인이란 것이 드높게 서의 위에 있는 것이 아니겠습니까.

乃孔子之言曰強恕而行。求仁莫近焉。由是觀之。恕之爲物。不過所以爲求仁之用。如飯之爲物。不過所以爲活人之用也。仁之爲物。顧不巍巍然又在恕字之上乎。

이 글자의 뜻을 진절眞切하게 인식하면 도를 안다고 할 수 있지만 이 글자의 뜻을 진절하게 인식하지 못하면 도를 안다고 할 수 없습니다. 진실로 우리 도는 이 글자에서 벗어나지 않습니다.

此字之義。認得眞切。則可云知道。此字之義。認得不眞切。則不可曰知道。誠以吾道不外乎此字也。

노형께서도 생각해 보십시오. 천하의 온갖 선과 온갖 악이 사람과 사람이 상대하는 데서 연유하지 않는 것이 있던가요? 삼강·오륜도 사람과 사람이 상대하는 것이고, 삼물三物·구경九經도 사람과 사람이 상대하는 것이며, 육경六經의 경계한 바와 오례五禮의 교접하는 바와 천성千聖이 훈계한 바도 모두 사람과 사람이 상대하는 것입니다.

老兄試思之。天地間萬善萬惡。有不由於人與人之相與者乎。三綱五倫。人與人之相與也。三物九經。人與人之相與也。六經所戒。五禮所接。千聖之所訓戒。皆人與人之相與也。

이에 대해 분명히 알지 못한다면 '일관'의 뜻을 통할 수 없고 '혈구絜矩'의 뜻을 이해할 수 없으며 '성의誠意'·'성신誠身'의 경계를 시행할 수 없을 것이니, 이 한 글자의 관계되는 바가 어찌 중하지 않습니까.

於此不明則一貫之旨。必不可通。絜矩之義。必不可解。誠意誠身之戒。必不知所施措矣。此一字之所關係。顧不重歟。

《여유당전서》

이 편지는 1814년에 작성된 것인데, 이때 정약용의 경학經學이 거의 완성되었다. 유교 경전들에 대한 해설을 마무리하면서 정약용은 경학 중에서도 사서를 일관一貫하는 핵심 글자가 서라고 주장한 것이다.

또한 흥미를 끄는 것이 둘째 아들 정학유丁學游, 1786~1855에게 편지를 쓰면서, 형 손암 정약전과의 대화를 떠올리고 서를 언급한 부분이다. 여기서도 정약용은 아들에게 "도량의 근본은 서에 있다"라고 하며, 서의 중요성을 강조했다.

둘째 형님은 나의 지기^{知己}였다. 전에 말씀하시기를, "내 아우는 흠잡을 것이 없지만 국량^{局量}이 작은 것이 흠이 된다" 하였다. 나는 네 어머니의 지기인데 전에 말하기를, "나의 아내는 흠잡을 것이 없지만 아량이 좁은 것이 흠이다" 하였다.

너는 나와 너의 어머니의 자식이니 어떻게 산수^{山藪}같이 넓은 도량을 가질 수 있겠느냐만, 아무래도 너는 너무 심한 편이다.

仲氏吾之知己。嘗曰吾弟無病。唯量小爲疵。吾汝慈之知己。嘗曰吾內無病。唯量狹爲疵。汝以吾與汝慈之子。安能有山藪恢弘之量。雖然汝則太甚。

아들이 아비보다 더한 것은 이치로 보아서는 그러하나 끝내 그처럼 한다면 티끌만큼도 용납하지 못할 것인데, 더구나 온갖 것을 포용하고 받아들이기를 넓고 넓은 만경창파^{萬頃蒼波}처럼 할 수 있겠느냐? 도량의 근본은 서에 있다. 서만 할 수 있다면 좀도둑과 난적이라 할지라도 아무 말 없이 보아 넘길 수 있을 것인데 하물며 여타의 일이야 말할 게 있겠느냐?

駸駸跨竈。理則宜然。終如是也。曾塵刹之不容。矧可以包受諸物。汪汪若千頃之波乎哉。量之本在恕。能恕矣。卽草竊潢池。且當含忍。況於其餘哉。

《여유당전서》

제3부

자공, 공감을 말하다

공감의 힘

절차탁마 切磋琢磨

〈학이〉편 15장에서는 공자와 자공 사이에서 친밀감이 진하게 느껴지면서도 사뭇 진지한 대화가 이어진다.

자공 : 가난 속에서도 아첨하지 않고 부유하더라도 교만하지 않으면 어떻습니까?
子貢曰貧而無諂。富而無驕。何如。

자공이 스승 공자에게 질문했다. "가난 속에서도 아첨하지 않고 貧而無諂 부유하더라도 교만하지 않는다 富而無驕" 이 두 가지면 충분하지 않은가 하고 말이다. 짐작컨대 대다수의 현대인들은 "빈이무첨"보다 "부이무교"할 수 있기를 희망할 것이다. 가난하면서 아첨하지 않는 것보다는 부유하더라도 교만하지 않기를 바라는 것이 인지상정이다. 그런데 정작 이 질문을 던진 자공은 계속 부요하게 살았던 듯하다. 《논어》〈선진〉편 18장에서 공자는 자공에 대해 다음과 같이 평한다.

자공은 천명天命을 받지 않고도 재물을 모았고 억지라도 잘 맞았다.

賜不受命。而貨殖焉。億則屢中。

"재물을 모았다"라는 것을 요즘 말로 바꾸면 재산 증식에 해당한다. 더 직설적으로 표현하자면 자공을 '재테크의 귀재'라고 부른 셈이다. 이어서 "화식貨殖"의 근거로 든 "억지로라도 잘 맞았다億則屢中"란 문장은 부동산이나 주식에 한 번이라도 투자해 본 사람이라면 간절히 원하는 상황이다. 그런 데 자공이 정말 대단한 것은 그 앞에 언급된 "자공은 천명을 받지 않았다賜不受命"라는 조건이다. 정약용은 "불수명不受命"에 대한 여러 주석가들의 의견을 소개하며 "귀한 신분이 못 되면서 부富를 추구하는 것이 '불수명'이다不貴而求富 是不受命也"라고 정리했다. 〈선진〉편 18장에는 자공 바로 앞에 안연에 대한 평가가 있는데, 자공에 대한 평가와 사뭇 대조적이다.

안연은 그럴듯하지. 항상 가난하지만······.

回也。其庶乎。屢空。

"그럴듯하지"라는 번역의 원문은 "기서호其庶乎"인데, '가깝다'라는 뜻의 서庶는 《논어》에서 주로 '도에 가깝다'라는 의미로 사용된다. 공자가 안연이 도를 거의 체득한 경지에 이르렀다고 평가한 것인데, 바로 뒤에 "누공屢空"이 라는 말은 자공을 평가하며 나온 "누중屢中"과 대구를 이룬다. 그러니까 안 연은 자주 궁핍[空]했고, 자공은 자주 적중[中]했다는 것이다. 더욱이 안연 은 도에 가까웠지만 가난했고, 자공은 운명[命]까지 거스르며 재산을 증식하고 손대는 족족 대박을 터뜨렸다. 자본주의 사회에서 귀감이 되는 사람은 단연 자공이다.

그런데 운명까지 거스르며 재산을 증식한 자공이 "빈이무첨"을 이야기하는 것은 위선으로 보일 수도 있다. 어떤 면으로는 그저 "부이무교"와 대구를 맞추기 위한 수사적 표현처럼 보이기도 한다. 중요한 것은 자공의 질문에 공자가 운을 맞추어 한 대답이 더 수준 높은 경지를 보여 준다는 것이다.

> **좋지. 그러나 가난 속에서 즐거워하며, 부자가 되어 예법을 좋아하는 것만은 못하지.**
>
> 子曰可也。未若貧而樂。富而好禮者也。
>
> 〈학이〉 15장

공자는 자공의 질문에 대해 "가난 속에서 즐거워하며 부자가 되어 예법을 좋아하는 것貧而樂 富而好禮"만 못하다[未若]고 했다. 여기 나타난 빈貧과 낙樂의 의미를 담고 있는 말이 '안빈낙도安貧樂道'다. 주자의 해설에 등장하는 이 말은 '가난을 편안하게 여기고, 도를 즐기는 것'이라는 뜻이며 일반적으로 안연이 누린 경지로 여긴다.

예禮는 안빈낙도 못지않게 안연과 밀접한 용어다. "부이호례"라고 하였지만, 안타깝게도 안연은 한 번도 '부富'한 적이 없었다. 그리고 안연이 과연 예를 좋아했는지도[好禮] 의문스럽다. 안연이 공자에게 인에 대해 물어보았을 때, 공자가 극기복례를 전수해 주었을 뿐이다. 안연이 예를 좋아했다기보다 그는 신분이 미천하였으므로 예를 통해 인을 실천할 수밖에 없는 입장이었다고 봐야 맞을 것이다.

반면에 자공은 〈팔일〉편 17장에서 '예보다 양^羊을 아낀' 그야말로 무례
無禮한 인물로 그려졌다. 사실 춘추 시대 유학자들은 누구보다 예에 정통한
사람들이었다. 아무리 자공이 상인 집안 출신이라고 해도 공자를 따르기로
했으면 재화라는 물질보다 예라는 정신적 가치를 존중해야 하는데, 자공에
게는 그런 면이 부족했다. 어쩌면 〈공야장〉편 3장에서 공자가 자공을 "호련
瑚璉"이라고 평한 것은 예의 결정체라 할 수 있는 제사에서 쓰이는 가장 귀
한 그릇을 들어, 자공이 예에 더 힘쓰기를 바랐기 때문일지도 모른다. 그런
데 여기서 또 자공의 강점이 나타난다. 자공은 바로 이어서 '절차탁마切磋琢磨'
란 말로 잘 알려진 《시경》의 〈기오淇奧〉편의 한 구절을 인용한다.

자공 : 옛 시에 "끊거니 다듬거니 쪼거니 갈거니" 하였는데 이를 두고 이른 말인
가요?
子貢曰詩云如切如磋。如琢如磨。其斯之謂與。
공자 : 사야. 인제 너하고 시를 이야기하게 되었구나. 한마디를 일러 준즉 다음
것까지 아는구나.
子曰賜也。始可與言詩已矣。告諸往而知來者。
〈학이〉 15장

아마도 자공은 그냥 시를 읊은 것이 아니라 이를 노래처럼 불렀을 것이
다. 자공은 비록 '호례好禮'하지 못하다는 평가를 받았지만, 자신에게 부족

한 예를 '악樂'을 통해 보완한 것이다. 이런 재치 있는 자공의 대답에 공자는 칭찬을 아끼지 않는다. 이제 자공은 공자와 시를 나눌 수 있는 경지에 이른 것이다. 그런데 이 칭찬은 이전에 자공이 자신과 안연을 비교하면서 했던 말과 비슷하다. "한마디를 일러 준즉 다음 것까지 아는구나告諸往而知來者"의 원문을 직역하면 '지나간 것을 알려 주니 앞으로 올 것까지 아는구나'라는 뜻이다.*

한편 공자의 이 말은 현대적 감각으로 생각해 본다면 자공의 투자 감각에 대한 칭찬으로도 볼 수 있다. 동서고금을 막론하고 투자에서 가장 중요한 기술은 분석이다. 과거 자료들을 정밀하게 조사하여 리스크를 줄이고 이익을 극대화하는 것이 투자가들의 목표다. 이러한 투자가로서 자공의 기량을 표현한 것이 "고저왕이지래告諸往而知來"다. 자공은 원래 부자가 될 운명이 아닌데도 뛰어난 분석력으로 운명을 뛰어넘어 '화식貨殖의 화신'이 된 것이다.

게다가 공자는 자공이 음악에도 재능이 있다는 것을 인정했다. 예술에서도 특히 음악은 공감, 즉 '함께 느끼는 것[공감]'이 중요하다. 그래서 음악은 공연을 통해 관객과 호흡할 때 완성된다고들 한다. 자공은 이렇게 '공감의 힘'이라는 내공을 지닌 사람이었다. 그런 의미에서 자공은 현대 사회에 꼭 필요한 자질을 갖춘 사람이지 않을까?

---

* 《한글 논어》의 풀이는 공자가 안연에 대해 물었을 때 자공이 했던 대답을 염두에 둔 것으로 보인다. 자공이 안연의 경지는 하나를 들으면 열을 아는 수준이고 자신은 하나를 들으면 둘을 아는 수준이라고 했는데, 이 "문일이지이聞一以知二"를 활용하여 두 번째[二]라는 의미에서 "다음 것까지 아는구나"라고 번역한 것이다. 원문과 다소 차이가 있지만, 이전 대화의 맥락까지 고려했다는 점에서 좋은 번역이라고 할 수 있다.

공감과 혐오
군자역유오호 君子亦有惡乎

　조선의 종교 정책은 숭유억불崇儒抑佛로 시작해서 위정척사衛正斥邪로 마쳤다고 해도 과언이 아니다. 조선 초기에는 고려 정권의 잔재를 없애기 위해 불교를 억압했고, 조선 후기에는 정권을 연장하기 위해 천주교를 배척했다. 타 종교와의 대화나 공존은 존재할 수 없었다. 다른 종교는 그저 혐오의 대상일 뿐이었다. 현재 우리나라는 종교적 혐오가 비교적 약한 국가라고 할 수 있지만, 다른 대상들이 그 자리를 대신하고 있다.

　세계적인 영화제 시상식에 우리나라 배우가 최초로 여우조연상 후보에 올라 참석하게 되었는데, 그녀의 아들은 어머니가 미국에 가는 것을 염려했다고 한다. 미국에 만연한 아시아인 혐오 때문이었다. 코로나19가 중국에서 시작되었다는 것은 분명한 사실이지만, 그렇다고 아시아인이 혐오의 대상이 되는 것은 부당하다. 그러나 서양인의 생각은 그렇지 않은 모양이다. 자신들의 소중한 일상을 빼앗긴 것에 대한 원망뿐만이 아니라 경제적으로 입은 타격의 모든 원인을 아시아인에게 돌리고 있다.

내부 결속을 위해 외부에 적을 두는 것이 정치적으로 꽤 효과적인 방법이라는 사실은 이미 역사적으로 증명되었으며 여전히 활용되고 있다. 혐오를 정치적으로 이용한 최악의 예는 제노사이드genocide다. 제1차 세계대전의 책임을 져야 했던 독일은 유대인을 혐오의 대상으로 지목하고, 인류 역사상 가장 악독한 범죄를 저질렀다. 우리는 이러한 역사적 사건들을 두고 절대로 일어나지 말았어야 할 일이라고 가르치고 또 배워 왔지만, 코로나 시대에 또다시 혐오의 수렁에 빠져 버린 것 같아 안타깝다.

아시아인이 겪는 혐오의 문제뿐만 아니라, 우리 사회 내에서도 여러 집단에 대한 배제와 질시가 사회문제로 떠오르고 있다. '증오 범죄'가 최근 사회적 이슈로 대두되고 있는데, 이는 새롭게 생겨난 범죄 유형이 아니다. 이전에는 문제로 인식하지 못했던 것들을 이제야 심각한 사안으로 인식하기 시작한 것이다. 그리고 지금은 현상을 파악하고 정립하는 것조차 이루어지지 않아 '증오 범죄'와 '혐오 범죄'라는 용어조차 통일되지 못한 실정이다. 아직은 여성혐오, 노인혐오, 아동혐오 등 혐오의 대상 측면에서 문제를 인지하고 규정하는 초기 단계에 머물러 있다.

혐오든 증오든 공통적인 핵심감정은 '오惡'다. '나쁜 것'이라는 의미로 쓸 경우에 '악'으로 발음하며 선악善惡과 같이 활용한다. 나쁜 것을 보았을 때 생기는 자연스러운 감정인 '미워하다', '싫어하다'라는 의미로 쓸 경우에는 '오'로 발음한다. 《예기》〈예운〉편에서 인간의 기본적인 감정으로 설정한 칠정七情, 즉 희로애구애오욕喜怒哀懼愛惡欲에서도 미움[惡]은 여섯 번째 감정이다. 《논어》에서 가장 먼저 오惡가 언급되는 곳은 〈이인〉편 3장이다.

사람다운 이만이 남을 좋아하기도 하려니와 남을 미워할 수도 있다.

惟仁者。能好人。能惡人。

우리의 고정관념으로는 '어진[仁] 사람', 또는 《한글 논어》 번역에 따르면 "사람다운 이"는 남을 사랑하는 사람이다. 제자 번지가 인에 대해 묻자 공자는 "애인愛人"이라 했다. 여기서 인이 애愛와 동일하다고 단순하게 생각하기 쉽다. 그러나 인자仁者는 모든 것을 사랑하는 사람이 아니다. 인과 애를 동일시하는 것은 종교적인 관념에 가깝다. 그러나 어떤 종교에서도 '애'만 강조하지 않는다. 불의에 맞서기 위해서는 불의를 '싫어하는[惡]' 감정도 있어야 한다. 죄를 인식하고[知] 미워하는[惡] 것은 종교적으로도 중요한 태도다.

〈이인〉편 3장에서는 오惡의 상대어로 호好를 사용해 '호오好惡'라는 표현이 등장한다. 흔히 좋고 싫음을 가리킬 때 '호불호好不好'라는 말을 일반적으로 많이 쓰지만 《논어》에서는 호오가 더욱 빈번하게 사용되었다. 오의 상대어로 애가 쓰인 '애오愛惡'라는 표현은 대표적으로 《예기》〈예운〉편의 칠정에서 나타난다. 그런데 여기에서는 애보다 욕欲이 오와 더욱 대조를 이룬다.

식욕[飲]과 성욕[食], 이 두 가지는 인간의 중대한 욕망이고, 사망死亡과 빈고貧苦는 사람이 가장 싫어하는 바이며, 욕망[欲]과 염오[惡]은 인정의 기본이 되는 것이다.

飲食男女。人之大欲存焉。死亡貧苦。人之大惡存焉。故欲惡者。心之大端也。

《예기》

이안 감독의 영화 제목으로도 쓰였던 "음식남녀飲食男女"라는 말은 우리에게 꽤나 친숙하다. 그런데 《예기》에서는 이것을 "인간의 중대한 욕망人之大欲" 이라고 했다. 식색食色을 본성[性]이라고 주장했던 고자告子의 주장도 여기서 착안했을 것이다. 식과 색, 이 두 가지 "대욕大欲"과 상반되는 것이 "대오大惡" 인데 바로 "사망과 빈고貧苦"다.

"빈고"라는 말은 빈곤으로 인한 고통을 말한다. 질병으로 인한 고통[病 苦]과 함께 누구나 피하고 싶어하는 대표적 고苦다. 더 이상 아무것도 할 수 없는 '죽음'과 빈곤으로 인한 '고통', 이 두 가지가 바로 사람이라면 가장 싫어하는 "대오"다. 코로나로 인한 아시아인 혐오가 바로 이 두 가지 대오에서 기인했다. 아시아 지역에서 시작된 코로나 팬데믹으로 온 세계가 질병과 죽음의 공포에 처하게 되었고, 빈곤에 처한 이들도 늘어났다. 하지만 그렇다고 아시아인을 혐오의 대상으로 삼는 것은 정당화될 수 없다.

마지막 구절에서는 "욕망과 염오는 인정의 기본心之大端", 즉 이 두 가지가 마음의 큰 단서[端緖]라 했다. 맹자는 고자와 달리 인의예지仁義禮智가 사람의 본성이고, 측은惻隱, 수오羞惡, 사양辭讓, 시비是非가 이러한 본성의 네 가지 단서[四端]라고 주장했다. 중국에서 가장 먼저 본성[性]에 대해 깊이 연구한 맹자와 고자 모두 《예기》〈예운〉편을 근거로 주장을 펼친 것이다.

'오'와 관련된 공자의 논의로 돌아가자. 오는 《예기》의 사망과 빈고에 대한 혐오에서 그치는 기본적 감정이 아니다. 공자는 인자만이 "능호能好", "능오能惡"한다고 했는데, 여기서 호오를 할 수 있다[能]는 대상이란 바로 사람이 아니라 그의 어떠한 태도다. 물론 공자가 혐오를 조장하려고 한 것은 아니다. 〈이인〉편 3장에 대한 정약용의 해설은 다음과 같다.

선善을 좋아하기를 마치 호색好色을 좋아하는 것처럼 하고, 악惡을 미워하기를 마치 악취惡臭를 싫어하는 것처럼 한 뒤에라야 능히 그 인을 이룰 수 있다. 그러므로 남의 선악에 대해서도 또한 반드시 이를 심히 좋아하고 미워하는 것이다.

樂善如好好色。惡惡如惡惡臭。然後能成其仁。故於他人之善惡。亦必深好而深惡之。

《논어고금주》

발음할 때는 "낙선여호호색樂善如好好色"과 "오악여오악취惡惡如惡惡臭"로 읽어야 한다. 선善을 즐기는 것을 호색好色에 비유한 것은 《예기》의 해설 전통을 계승했다. 악惡을 미워하는 태도를 악취惡臭에 비유한 것도 '호색'과 마찬가지로 본능적 감각에 관계된다. 그러나 여기서 호오의 감정은 본능에 의한 것이 아니라 도덕적 교육에 의한 후천적 감정이다. 여기서 우리는 호오의 감각적 능력을 어떤 대상에 발휘해야 하는지와 더불어 도덕적 감정에 대한 교육이 잘 이루어져야 혐오 시대를 극복할 수 있다는 실마리를 발견하게 된다. 그리고 도덕적 감정의 근본은 '함께 감각하는 것', 바로 공감[恕]이다.

혐오나 증오는 보통 부정적인 감정으로 인식된다. 그러나 인간의 감정에서 미움[惡]을 배제할 수는 없으며, 사랑[愛]만이 모든 것을 해결할 수 있다고 믿는 것은 지나치게 이상적이다. 공자도 미움[惡]이라는 감정을 부정하지 않는다. 평범한 사람의 경지를 뛰어넘은 군자도 미워하는 것이 있다. 공자와 자공은 미움에 대해 진지하게 대화를 나누었다.

자공 : 참된 인간도 미워하는 것이 있습니까?

子貢曰君子亦有惡乎。

공자 : 미워하는 일이 있지. 남의 허물을 도리어 칭찬하는 자를 미워하고, 밑바닥에 깔린 사람이 윗사람을 헐어 말하는 자를 미워하고, 용감할 뿐 예법을 모르는 자를 미워하고, 앞뒤를 가리지 않으면서 숨 막히는 짓을 하는 자를 미워한다.

子曰有惡。惡稱人之惡者。惡居下流而訕上者。惡勇而無禮者。惡果敢而窒者。

공자 : 사야, 너도 미워하는 것이 있느냐?

曰賜也。亦有惡乎。

자공 : 남의 말을 받아서 제 것인 체하는 자를 미워하고, 함부로 하는 것을 용기인 양 여기는 자를 미워하고, 남의 잘못을 들추되 곧은 일을 하는 양하는 자를 미워합니다.

惡徼以爲知者。惡不孫以爲勇者。惡訐以爲直者。

〈양화〉 24장

자공은 공자에게 군자도 미워하는 것이 있는지 물었고, 공자는 자공이 미워하는 것이 무엇인지 물었다. 이 대화에서 미워해도 마땅한 대상은 부정의不正義, 불공정不公正, 불평등不平等 등 사람을 차별하는 행위지 사람이 아니라는 점을 명심하자. 어떤 사람이든 혐오의 대상이 되어서는 안 된다는 것은 불변의 진리다.

공감대
향인개호지 鄕人皆好之

지난 장의 끝부분에서 자공이 공자에게 군자의 미워함[惡]에 대해 질문한 것을 살펴보았다. 앞서 〈이인〉편 3장에서 공자는 "사람다운 이[仁者]만이 남을 좋아하기도 하려니와 남을 미워할 수도 있다惟仁者 能好人 能惡人"라고 답했으니, 인자의 다른 표현인 '군자'도 미워할 수 있다는 것은 당연한 논리다. 자공이 군자에게도 미운 것이 있냐고 묻자, 공자는 군자가 무엇을 미워하는지 상세하게 설명했다.

남의 허물을 도리어 칭찬하는 자를 미워하고
惡稱人之惡者。
밑바닥에 깔린 사람이 윗사람을 헐어 말하는 자를 미워하고
惡居下流而訕上者。
용감할 뿐 예법을 모르는 자를 미워하고
惡勇而無禮者。

앞뒤를 가리지 않으면서 숨 막히는 짓을 하는 자를 미워한다.

惡果敢而窒者。

〈양화〉 24장

이 문장에서 미움의 대상은 쉽게 부정의^{不正義}, 불공정^{不公正}, 불평등^{不平等}으로 해석할 수 있다. 그런데 뒤이어 공자가 자공에게도 미워하는 것이 있냐고 물어본 데서, 자공이 군자인지 확인하려는 공자의 의도가 엿보인다. 공자는 이전에 "군자는 그릇이 아니다^{君子不器}"라고 하였고, 자공에 대해서는 그릇이라고 했다. 물론 그릇 중에서도 가장 귀한 호련이라고 했지만 아무리 귀하더라도 그릇은 그릇이다. 이때는 자공이 군자의 단계까지 나아가지 못했다고 본 것이다. 그런데 여기서 공자는 군자에게 네 가지 미움의 대상이 있다면서 자공에게는 어떤 미움이 있는지 물었다. 이것은 곧 군자의 미워함과 자공의 미워함을 비교하여, 자공이 어느 단계에 있는지 시험한 것이다. 자공은 다음과 같이 대답했다.

남의 말을 받아서 제 것인 체하는 자를 미워하고

惡徼以爲知者。

함부로 하는 것을 용기인 양 여기는 자를 미워하고

惡不孫以爲勇者。

남의 잘못을 들추되 곧은 일을 하는 양하는 자를 미워합니다.

惡訐以爲直者。

원문을 비교했을 때, 공자의 대답보다 간명하게 정리된 것으로 보아 자공이 직접 기록한 부분이거나 자공 계열의 제자가 기록한 듯하다. 또한 내용상 공자가 언급한 군자의 미워함과 크게 차이가 나지 않는다. 이 부분은 번역만으로 충분히 이해할 수 있기 때문에 이 대답에 대한 공자의 코멘트를 넣지 않되, 다만 "요徼"에 대한 정약용의 해석만 따로 소개하겠다.

'요이위지徼以爲知'는 요행히 남의 의중을 헤아린 것이 우연히 들어맞기를 바라서 이를 지혜로 여기는 것이라고 말하니, 이는 또한 잘못된 해석이다. '요徼'란 (남의 말을) 맞이하고 가로막는 것이다. 남의 말을 들으면서 그 말이 끝나기도 전에 역으로 남의 말을 가로막아 자기가 본래 알고 있는 것이라고 하는 것이다.

徼以爲知。謂徼幸懸度。冀其偶中以爲知。亦非也。徼者。邀也障也。聞言未卒。逆遮人言。以爲己素知。

《논어고금주》

정약용은 요徼에 대해 상당히 길게 설명했는데, 《한글 논어》에서 이러한 주장을 잘 살려 〈양화〉편 24장 속 "오요이위지자惡徼以爲知者"를 "남의 말을 받아서 제 것인 체하는 자를 미워하다"라고 번역했다.

표절 행위 자체는 많이 개선되었지만 여전히 표절에 대한 의식 구조가 변하지 않은 것이 발견된다. 사실 책이나 논문을 많이 읽다 보면 자신도 모르게 모방하게 되는 경우가 있다. 그러나 근래에는 표절 검사 프로그램도 무료로 제공되고, 연구자나 저자들의 저작에 대한 철저한 자기검열도 요구되는 분위기다. 다른 사람의 지적재산을 인정하고 보호해 주는 것은 공감

[恕]의 중요한 실천적 측면이다.

〈자로〉편 24장에서는 자공이 다른 측면에서 '호오'에 대해 질문한다.

자공 : 마을 사람이 다 좋아하면 어떻습니까?

子貢問曰鄕人皆好之。何如。

공자 : 그것만으로는 안 되지.

子曰未可也。

자공 : 마을 사람이 다 싫어하면 어떻습니까?

鄕人皆惡之。何如。

공자 : 그것만으로는 안 되지.

子曰未可也。

〈양화〉편 24장에서는 미워함만을 집중해 질문했다면, 여기서 자공은 호오라는 두 감정에 대해 모두 물었다. 《예기》〈예운〉편에서는 욕欲과 오惡를 상대적인 감정으로 다룬 반면, 《논어》에서는 욕오欲惡보다는 호오가 주로 비교대상이 된다. 그런데 〈자로〉편 24장 속 호오의 주체는 "향인鄕人"이다. 정약용은 이것을 "같은 고을의 사람同鄕之人"이라고 풀이했다.

한국 사회에서 혈연, 학연에 못지않게 중요한 것이 지연이다. 여전히 한국인의 정치 성향은 지역을 벗어나기 힘들다. 지연 때문에 발생하는 불의하고 불공정하며 불평등한 일들 때문에, 혈연·학연과 더불어 지연도 극복의 대상으로 인식된다. 그러나 지연이 무조건 나쁜 것은 아니다.

모든 지역에는 지역을 기반으로 자연스럽게 형성된 역사성, 사회성, 윤리성 등 여러 가치 체계가 있고, 이것은 순기능을 한다. 오랜 시간 같은 공간에서 유사한 감정을 공유하게 만든 전통을 부정적으로 편향되게 볼 수는 없다. 여기서 "향인"은 그런 측면으로 접근해야 한다.

자공이 "마을 사람이 다 좋아하면 어떻습니까^{鄕人皆好之 何如}"라고 물었는데, 여기서 '개^皆'라는 부사가 눈에 띈다. '모두'를 가리키는 글자로, 예외를 두지 않는다는 뜻이다. 과연 모든 마을 사람이 한 명도 예외 없이 좋아하는 사람이 있다는 게 가능할까? 그런 사람이 있을 리도 없지만, 공자는 있다고 해도 "그것만으로는 안 된다^{未可也}"라고 대답했다. 또다시 자공이 물었다. "그렇다면 마을 사람이 다 싫어하면 어떻습니까^{鄕人皆惡之 何如}?" 이번에도 극단적인 질문이다. 예외 없이 모든 마을 사람이 싫어하는 상황을 상정하고 질문했지만 공자의 대답은 동일하다. "그것만으로는 안 된다^{未可也}"

익명성이 보장된 공간에서 인신공격을 서슴지 않는 사람들이 있는 탓에 연예인들은 인터넷에 올라온 악플로 고통을 겪곤 한다. 그중에 가끔씩 악플도 쿨하게 받아넘기며 '멘탈갑^{mental甲}'의 모습을 보여 주는 셀럽들도 있다. 공자의 대답은 '멘탈갑'의 전형적인 예시다.

마을 사람 중에서 착한 사람이 좋아하고, 마을 사람 중에서도 못된 자들이 싫어하는 것만 못하지.

不如鄕人之善者好之。其不善者惡之。

〈자로〉 24장

원문에서 "착한 사람이 좋아하는 것^{善者好之}"과 "못된 자들이 싫어하는 것

不善者惡之"이 대비되어 있다. 이들은 모두 "향인"에 속한 사람들이다. 한 지역 공동체에 속해 공감대가 강하게 형성되어 있고, 결속력이 강한 사람들을 일방적으로 '호', '오'로 평가하는 것은 바람직하지 않다. 다만 어느 집단에서든 '착한 사람들이 좋아하고 못된 자들이 싫어하는' 사람이 되라는 것이다.

현대 사회에서는 한 사람이 고향과 세대, 대학이나 직업 등 여러 층위의 집단에 속하는 경우가 많다. 그러다 보니 어느 집단에서는 나를 좋아하지만, 어느 집단에서는 나를 싫어할 수도 있다. 또는 한 집단 내에서도 나를 좋아하는 사람과 싫어하는 사람이 존재한다. 내가 속한 집단에서 인기가 많은지는 중요하지 않다. 나를 좋아하는 사람이나 싫어하는 사람이 어떤 사람인지가 더 중요하다.

부귀와 빈천

부여귀 시인지소욕야 富與貴 是人之所欲也

요즈음의 사목司牧이란 자들은 이익을 추구하는 데만 급급하고 어떻게 목민해야 할 것인가는 모르고 있다. 이 때문에 백성들은 곤궁하고 병들어 줄을 지어 진구렁이에 떨어져 죽는데도 그들 사목된 자들은 바야흐로 고운 옷과 맛있는 음식에 자기만 살찌고 있으니 어찌 슬픈 일이 아니겠는가.

今之司牧者。唯征利是急。而不知所以牧之。於是下民羸困。乃瘭乃瘼。相顚連以實溝壑。而爲牧者。方且鮮衣美食以自肥。豈不悲哉。

《목민심서》

《목민심서》의 서문에서 정약용은 목민관들에 대해 그들이 자신의 이익만 추구하고 백성의 곤궁함은 외면했다며 비판했다. 다시 말해 백성의 기본적인 욕구[欲]에 공감하지 못한 것을 지적한 것이다. 우리는 흔히 유교적 신념은 욕구를 억압하는 것이라 치부한다. 그러나 욕구는 유학, 그중에서도 특히 유학의 핵심적인 윤리를 이해하는 데 매우 중요한 키워드다.

《예기》〈예운〉편에 등장하는 인간의 일곱 가지 감정 가운데 여섯 번째와 일곱 번째 감정으로 제시된 '오'와 '욕'에 대한 앞 장의 논의를 떠올려 보자. 《논어》에서도 칠정七情을 의식했는지 두 감정을 함께 언급한 문장이 있다. 우선 〈이인〉편 5장의 앞부분을 살펴보자. 〈이인〉편 5장은 대화 형식이 아니라 공자가 일방적으로 말하고 있어서 청자가 누구인지 파악하기가 어렵다. 첫 문장은 다음과 같다.

재물이나 지위는 사람마다 탐내는 것이지만 억지로 차지할 것까지는 없다.

富與貴。是人之所欲也。不以其道得之。

가난과 천한 직업은 사람마다 싫어하는 것이지만 절로 굴러 떨어진 것이면 피해서는 안 된다.

不處也。貧與賤。是人之所惡也。不以其道得之。不去也。

《논어》를 접한 사람이라면 "가난과 천한 직업貧與賤"라는 단어에서 자연스럽게 제자 안연을 떠올릴 것이다. 반면에 "재물이나 지위富與貴"라는 단어를 보면 또 다른 제자 자공을 연상할 수 있다.

"부여귀"는 "인지소욕人之所欲"이라고 했다. 부유함과 귀한 신분은 사람이라면 누구나 원하는 보편적인 욕망[欲]의 대상이라는 것이다. 그런데 부귀를 얻는[得] 것을 《한글 논어》에서는 "억지로 차지하다"라고 번역했지만 주자의 《논어집주》에서는 "'정상적인 방법[道]'으로 얻은 것이 아니면 그 부귀에 처處하지 말라"라고 풀이했다.

코로나 시대에 젊은 세대를 중심으로 세계적 돌풍을 일으킨 것이 바로 비트코인Bitcoin이다. 사실 일반적인 20-30대에게 투자처는 다양하지 않다. 부동산에 투자하기는커녕 보금자리를 마련하기도 힘든 상황이니 말이다. 주식에 대한 관심도 못지않았지만 '단타'로 이득을 얻고 싶은 사람들은 주식 시장의 안전장치를 답답하게 느꼈다. 반면 코인은 다른 투자들과 비교했을 때 그 방식이 무척이나 자유롭고 단기간에 큰 수익을 내는 것처럼 보였다. 그렇게 코인은 대한민국 청년들을 사로잡았다. 하지만 〈이인〉편 5장을 떠올려 보라. 공자의 가르침에 따르면 어떤 재테크이든지 그것이 정상적인 방법인지 자문해야 한다. 부동산이든, 주식이든, 비트코인이든 높은 수익률만 따질 것이 아니라 본인이 투자하는 방법이 정도正道인지 살펴보라는 것이다. 우리의 현실에 대해 고전은 이러한 시사점을 제공한다.

그러나 빈천에 대한 공자의 말은 받아들이기가 어렵다. 《논어집주》의 번역에 따르면 가난과 천한 지위를 "정상적인 방법으로 얻지 않았다 하더라도 버리지[去] 말라"라고 충고하기 때문이다. 이 문장에 대해 정약용은 다음과 같이 설명한다.

빈천은 사람들의 싫어하는 바이다. 그러나 그 도道로써 그것을 버려야 하는데, 이를 얻지 못하면 버리지 않아야 한다.

貧賤。人所惡也。然不以其道得去之則弗去也。

《논어고금주》

여기서 도道는 '정상적인 방법'을 의미한다. 비록 빈천을 사람들이 싫어하지만, 이를 버릴 때는 정상적인 방법으로 버려야 한다는 것이다. 그럼 그 방법은 과연 무엇일까? 구체적으로 언급되지 않지만, 중요한 단서가 있다. 바로 '묻는다[問]'는 것이다.

한번 빈천을 얻으면 오직 이를 버리지 않는 것을 법으로만 삼고 그것이 도道인지 아닌지에 대해서는 머리를 흔들며 불문不問에 부친다면, 이것이 군자의 시중時中의 도리이겠는가? 오직 그 도로써 이것을 버려야 하는데, 그 도로써 버리는 것을 얻지 못하였을 때는 (부득이) 이를 버리지 않을 뿐이다.

一得貧賤。惟以不去爲法。道與非道。掉頭不問。豈君子時中之義乎。唯不以其道得去之則不去之而已。

《논어고금주》

《한글 논어》는 "불거야不去也"의 거去를 "피하다"라고 번역했는데, 문맥상 '떠나다'로 이해하면 적당할 듯하다. 다시 말해 스스로가 아닌 다른 요인으로 빈천에 처하게 되었더라도, 그 빈천에서 떠나면 안 된다는 것이다.

부귀에 대한 공자와 정약용의 조언은 현시대에도 충분히 수용 가능하지만, 빈천에 대한 조언은 잘 이해되지 않는다. 오히려 거부감이 들 정도다. 내가 선택한 것이 아닌 빈천한 환경, 흔히 말하는 '흙수저'로 태어난 것에서 벗어나지 말라는 말이 과연 공정한 것인가?

안연은 실제로 공자의 이 말을 실천했다. 빈천에 처하면서 떠나지 않았다. 어쩌면 '떠나지 못했다'가 더 정확한 표현일 수도 있다. 아무튼 결과는 그렇다. 후학들은 안연에 대해 안빈낙도의 경지에 이른 성인^{聖人}으로 추앙하였다. 그것은 일종의 죄의식에 기인한 보상 심리일 수도 있다. 후학들은 유학자임을 자처하면서도 대부분은 빈천에 처한 안연보다는 부귀를 획득한 자공을 흠모했기 때문이다.

부요한 제자 자공이 있었기에 부귀를 꾀한 유학자들은 면죄부를 얻었고, 절제한 안연이 있었기에 유학자들은 안빈낙도라는 고상한 명분을 내세울 수 있었다. 그야말로 자공과 안연은 유학을 현실에 기반하면서도 현실을 초월할 수 있는 사상으로 만든 핵심 인사다.

여기서 다시 주목해야 할 것은 빈천에 대해 "사람마다 싫어하는 것^{人之所惡}"이라는 공자의 정의다. 부^富와 귀^貴는 각각 '경제력', '정치력'과 관련을 맺고 있다. 빈^貧과 천^賤도 마찬가지다. 빈부의 차이는 경제력의 차이일 뿐이다. 그런데 '빈부의 격차'가 곧바로 '귀천의 격차'와 연결되는 게 문제다. 자본주의는 여러 부정적인 요소를 갖고 있지만, 최소한 빈부와 귀천의 확고한 연결고리를 끊었다는 점에서 긍적적인 의미가 있다. 그런데 다시 빈부의 차이가 귀천의 차이와 동일화되어 가는 과정을 보며 사람들은 좌절하고 분노한다. 공자는 빈천을 사람들이 싫어한다고 보았지만, 더 정확한 분석은 빈^貧과 천^賤이 동일화되는 것을 싫어하는 것이다. 최소한 직전 시대에는 '천^賤'이라는 신분에서 벗어나기는 어려워도, '빈^貧'이라는 상태에서 벗어나는 것이 수월했기에 희망이 있었다.

물론 역사적으로 천한 신분에서 귀한 신분으로 이동한 경우도 종종 있다. 전쟁에서 공을 세우는 경우가 대표적이다. 또는 전쟁과 맞먹는 자연적

재앙으로 발생한 국가적 위기, 민족적 위기 상황에서 재능을 발휘하면 고대 신분제 사회에서도 얼마든지 위로 올라갈 수 있었다. 그런데 이러한 일은 전쟁 같은 위기 상황에서나 가능하다. 평화로운 시대에는 오히려 사회 계층 간의 이동이 어려운 것이 정상이다.

이러한 흐름에서 전쟁과 유사한 코로나 시대에 사람들, 특히 청년들이 비트코인에 열광하는 것은 지극히 자연스럽다. 빈천한 상태에서 최소한 '빈'을 떠나 '부'해 질 수 있는 기회가 생겼기 때문이다. 그러나 여전히 '천'에서 '귀'로 옮겨갈 수 있을지는 미지수다. 결국 정치는 이 간극을 해결해야 한다. 그 근거는 최근 몇 년 사이에 높은 수치로 늘어난 20-30세대의 투표 참여율에 있다. 정치인들에게 메꿔지지 않는 간극의 해결책을 제시하라고 청년들이 그 어느 때보다 적극적으로 투표하며 외치고 있는 것이다.

27

공감의 시초
성여천도 불가득이문야 性與天道 不可得而聞也

성리학은 《중용》의 첫 구절 "하늘이 명한 것을 성^性이라고 한다^{天命之謂性}"를 정이천^{程伊川, 1033~1107}이 "성즉리^{性卽理}"라고 해석한 것에 기초한다. 즉 성^性과 이(리)^理라는 핵심개념으로 심성론^{心性論}과 이기론^{理氣論}을 펼치는 철학으로, 성명의리지학^{性命義理之學}이라고도 부른다. 그리고 공자·맹자의 원시유학 또는 선진유학과 구별하기 위해 신유학이라 부르기도 한다. 그리고 집대성자인 주자의 이름을 따서 주자학이라고도 지칭한다. 이와 같이 중국 송대에 성립되어 조선에서 국학으로 숭상된 신유학, 주자학 또는 성리학은 명칭만 다를 뿐 그 내용은 동일하다.

성리학의 핵심은 사람의 본성[性]이다. 물론 이치[理]라는 개념도 중요하고, 특히 조선에서는 감정[情]에 대해서도 상당히 심도 있는 연구가 이루어졌다. 하지만 가장 중요한 개념은 언제나 본성이었다. 성리학은 본성을 이치의 차원에서 이해함으로써, '마음[心]의 철학'을 완성한 불교와 '초월^{超越}의 철학'을 추구한 노장^{老莊} 사상과의 철학적 논쟁에서도 주도권을 잡을 수 있었다. 그런데 본성에 대한 논의를 처음 시작한 사람은 공자가 아니라 맹자다.

> 선생님께서 옛 글을 강론하시는 것은 언제나 들을 수 있지만,
> 夫子之文章。可得而聞也。
> 인성[性]이니 천도^{天道}니 하는 따위는 좀처럼 들을 수가 없다.
> 夫子之言性與天道。不可得而聞也。
>
> 〈공야장〉 12장

〈공야장〉편 12장에서 자공한 말을 보면, 공자는 본성^{本性} 또는 인성^{人性}에 대해 직접적으로 말한 적이 없다는 사실을 알 수 있다. 《논어》에서 성^性이 등장하는 문장은 〈공야장〉편 12장과 〈양화〉편 2장의 "인간성은 비슷비슷하고 습관은 서로가 딴 판이다^{性相近也 習相遠也}"라는 두 문장뿐이다.

유학에서 본성은 맹자에 이르러서 본격적으로 다루어지는데, 맹자의 논적은 고자였다. 앞서 잠시 다루었듯이 고자는 《예기》〈예운〉편에서 음식남녀^{飮食男女}가 "인간의 중대한 욕망^{人之大欲}"이라고 했고 음식남녀는 곧 식색이므로, 이것을 합해서 인간의 중대한 욕망인 식색이 인간의 본성이라고 주장했다. 하지만 맹자는 인간을 동물보다 더 숭고한 존재로 격상시키면서 그 근거로 사람에게는 네 가지 마음이 있다고 주장했다.

> 불쌍히 여기는 마음[惻隱之心]이 없으면 인간이 아니다.
> 無惻隱之心。非人也。
> 부끄러워하고 싫어하는 마음[羞惡之心]이 없으면 인간이 아니다.

無羞惡之心。非人也。

사양하는 마음[辭讓之心]이 없으면 인간이 아니다.

無辭讓之心。非人也。

옳고 그름을 따지는 마음[是非之心]이 없으면 인간이 아니다.

無是非之心。非人也。

불쌍히 여기는 마음은 인仁의 싹[端]이요

惻隱之心。仁之端也。

부끄러워하고 싫어하는 마음은 의義의 싹이요

羞惡之心。義之端也。

사양하는 마음은 예禮의 싹이요,

辭讓之心。禮之端也。

옳고 그름을 따지는 마음은 지智의 싹이다.

是非之心。知之端也。

사람에게는 이 네 가지 싹[端]이 있으니

人之有是四端也。

이는 마치 우리에게 네 팔다리가 있는 것과 같다.

猶其有四體也。

《한글 맹자》

측은惻隱, 수오羞惡, 사양辭讓, 시비是非 네 가지 마음은 감정[情]의 영역에 속하는데, 이와 상대되는 인·의·예·지를 본성[性]의 영역에 짝을 맞추어 배속시킨 것은 성리학자들의 아이디어였다. 측은, 수오, 사양, 시비는 사단四端이라 부르며 감정으로 분류했고, 인의예지는 사덕四德이라 부르면서 본성으로 구분했다. 그리고 사덕 가운데 모든 덕을 아우르는 것이 인仁이라고 했는데, 춘하추동에 빗대어 봄의 기운이 사계절을 관통하듯 인이 사덕을 관통한다. 그래서 정이천이나 주자는 사덕 중에서도 인에 관심을 두어정이천은 〈식인識仁〉을 쓰고, 주자는 〈인설仁說〉을 저술했다.

공자가 강조한 인과 맹자가 강조한 측은지심惻隱之心은 결국 서恕다. 그래서 현대적 용어로 바꾸어 말하면 '공감[恕]이 사덕을 관통한다'라고 말할 수 있다. 그런데 여기서 함께 중시할 것이 측은지심에 이어지는 수오지심羞惡之心이다. 수오지심은 '부끄러워하고 싫어하는 마음'이다. 맹자는 이것이 없으면 인간이 아니라고 말했고 이 마음을 '의義의 싹[端]'이라며 의와 짝지었다.

부끄러워하는 마음과 싫어하는 마음이 어떻게 의와 연결되는 것일까? 수치심[羞]과 혐오[惡]가 어떻게 정의[義]의 근간이 될 수 있다는 것일까? 혐오 범죄 또는 증오 범죄는 분명 정의 차원에서 해결해야 하는 사회적 문제다. 그런데 혐오 또는 증오가 정의의 기준이 될 수 있다는 것을 어떻게 이해해야 할까?

《예기》〈예운〉편에서 인간이 가장 싫어하는 것이 사망과 빈고貧苦라 했고, 《논어》에서도 인간의 보편적인 혐오의 대상을 빈천貧賤이라고 했다. 사망과 빈고, 빈천을 싫어하는 것은 인간으로서 당연한 감정이다. 하지만 이것이 다른 사람에게 폭력을 행사하는 방식으로 분출될 때 그것은 범죄 행위가 된다. 즉 혐오 범죄는 불공정에 대한 분노가 잘못된 방식으로 분출되었기 때문에 발생한다. 사회가 공정하지 못하다는 인식이 그 세상을 만든 집단을 향한 문제제기의 목소리로 표현되고, 상황을 개선하려는 노력으로 이어지면 그것은 긍정적인 방향으로 발현된 것이다. 그러나 단순 분풀이를 위해 사회적 약자를 혐오와 분노의 대상으로 삼으면 문제가 발생한다. 이른바 '묻지마 폭행'은 내가 싫어하는 빈천의 문제가 그것과 직접적 관련이 없는 어느 특정 집단 때문에 발생했다는 착각에 기인한다. 그 마음을 어떻게 다루느냐에 따라 결과는 천차만별이지만, 이렇게 불공정을 인지하는 것으로부터 정의가 발아할 가능성이 존재하기에 맹자는 '수'와 '오'를 정의의 싹[端]으로 연결시켰다.

《한글 맹자》에서 "싹"이라고 번역한 '단端'을 정약용은 "시초[始]"라고 단언한다. 주자는 '서緖'라고 설명했고 이는 일반적으로도 '단서端緖' 또는 '실마리'라고 번역한다. 그러나 정약용은 《맹자요의孟子要義》〈공촌추公孫丑〉 상편 7장에서 긴 논의 끝에 다음과 같이 정리한다.

총괄하면 '단端'이란 시초[始]다. 사물의 본말本末을 양단兩端이라고 한다. 그러나 오히려 반드시 처음에 일어나는 것을 '단'으로 여겼기 때문에 《중용》에서 "군자의 도道는 부부에서 시작되니 그 지극함에 이르러서는 천지에 드러난다"라고 하였으니, 단이 시작이 된다는 것은 명백하지 않은가?

總之端也者始也。物之本末。謂之兩端。然猶必以始起者爲端。故中庸曰君子之道。造端乎夫婦。及其至也。察乎天地。端之爲始。不旣明乎。

(……)

사물의 머리와 꼬리가 실로 양단이 되니 모두 단이라 이름할 수 있다.

物之頭尾。實爲兩端。皆可名端。

(……)

무릇 '두頭'를 단이라 한 것은 이루 헤아릴 수 없이 많다.

凡以頭爲端者。不可勝數。

(……)

마음속에서 발현되는 측은지심을 이끌어 기른다면 어진 정치[仁政]를 행할 수 있으니 측은지심이 어진 정치가 시작되는 바가 아니겠는가?

惻隱之心。發于內。引而長之則可以行仁政。惻隱之心。非仁政之所始乎。

이를 실에 비유하면 측은지심은 실 뭉치와 같으니 이것을 풀어내고 뽑아내고 효제를 할 수 있고 과부나 홀아비에게 은혜를 베풀 수 있으니 어느 것이 근본[本]이 되고 어느 것이 말*이 되며 어느 것이 머리가 되고 어느 것이 그 꼬리가 되겠는가? 사단四端의 뜻은 맹자가 직접 주해하기를 "불이 처음 타오르기 시작하는 것과 같고 샘물이 처음 솟아오르기 시작하는 것과 같다"라고 했으니, 두 개의 '시始' 자가 분명하고 뚜렷하여, 단端이 시작이라는 뜻임이 또한 이미 분명하다.

譬之絲然。惻隱之心爲絲團。而解之繅之。可以爲孝弟。可以惠鰥寡。孰爲其本。孰爲其末。孰爲其頭。孰爲其尾。四端之義。孟子親自注之曰若火之始然。泉之始達。兩箇始字。磊磊落落。端之爲始。亦旣明矣。

《맹자요의》

정약용은 마음속에서 발현되는 측은지심으로부터 어진 정치[仁政]라는 결과를 내야 한다고 주장한다. 그리고 이 과정에 수오지심이 필요하다. 정치인으로서 사회가 불공정하다는 수오지심을 느꼈다면 바른 정치를 하고자 노력해야 한다. 결국 측은지심을 느끼고, 수오지심을 아는 것이 좋은 정치인이다. 우리는 우리 마음속 측은지심을 수오지심으로 잇고, 그 마음을 정의로 풀어낼 수 있을까? 그 마음을 이해하는 정치인을 찾을 수 있을까? 우리는 누가 될 것이며, 누구를 선택할 것인가?

28

국민적 공감
민불신불립 民不信不立

앞서 언급했듯이 정약용은 형인 정약전을 비롯한 친지들과 함께 천주교에 심취했다. 그러나 맏형인 정약현丁若鉉, 1751~1821은 다른 형제들과 달리 천주교에 관심조차 두지 않았다. 그런데 그의 사위 황사영黃嗣永, 1775~1801은 천주교와 관련해 아주 문제적인 인물이었다. '황사영 백서사건'으로 잘 알려진 황사영은 당시 베이징에 있는 주교에게 1만 3천 자가 넘는 백서帛書를 보내 신유박해로 인한 조선 천주교 신자들의 극한 상황을 알렸다. 그러나 조선은 아직 종교의 자유를 허락할 공감대를 형성할 수 있는 상황이 아니었다. 국방과 경제 문제가 더욱 심각했기 때문에, 이를 위협한다고 여겨지는 다른 것들은 전부 제거와 억압의 대상이었다. 그러나 지나간 역사를 더 넓은 시야에서 바라볼 수 있는 우리는 어떤 것이 우선이고 근본적인 것인가에 대한 정확한 판단이 가능하다.

〈안연〉편 7장에서 공자와 자공은 정치에 대해 토론을 한다. 정치의 우선순위에 대한 논의인데, 식량[食]과 군비[兵] 그리고 백성들의 믿음[民信] 중에서 무엇을 가장 먼저 버려야 하는지가 논의의 주제였다. 현대적으로 풀이하면 경제, 국방 그리고 국민적 공감(국민정서) 가운데 정치적 우선순위에 대한 논쟁이다.

자공이 정치에 대하여 물은즉

子貢問政。

공자 : 식량이 넉넉하고, 군비가 충실하고, 백성들이 믿게 되어야 한다.

子曰足食足兵。民信之矣。

자공 : 할 수 없을 경우에 이 셋 중에서 어느 것을 버릴까요?

子貢曰必不得已而去。於斯三者。何先。

공자 : 군비를 버리지.

曰去兵。

자공 : 할 수 없을 경우라면 이 둘 중에서 어느 것을 버릴까요?

子貢曰必不得已而去。於斯二者。何先。

공자 : 식량을 버리지. 옛날부터 사람이란 죽게 되어 있는 것이지만 백성들은 믿음 없이는 지탱 못 한다.

曰去食。自古皆有死。民不信不立。

첫 번째로 경제[食]는 인간의 기본적인 감정인 오와 욕의 대상이다. 앞장에서 제시했듯이, 빈곤함을 싫어하고[惡] 부유함을 원하는 것[欲]은 인간의 일반적인 감정이다. 두 번째 국방[兵]은 칠정[七情] 중 두려움[懼]과 가장 관계가 깊다. 과거로부터 개인의 생명과 재산을 가장 크게 위협하는 것은 전쟁이었다. 공자가 처한 춘추전국 시대는 나라들이 서로 패권을 쟁탈하는 시기였기 때문에 국방이 매우 중요한 문제였다. 경제는 풍요롭게 하고 국방은 안전하게 하는 것, 그야말로 부국강병이 춘추전국 시대 모든 나라들의 공통적인 지향점이었다. 식食과 병兵에 대한 정약용의 보충 설명은 다음과 같다.

식食은 안을 채우는 것이고 병兵은 밖을 막는 것이니, 모두 (백성을) 죽지 않게 하기 위한 것이다.

食以實內。兵以禦外。皆所以不死。

《논어고금주》

정약용은 식과 병에 대해 "안을 채우는 것實內"과 "밖을 막는 것禦外"이라 간단히 설명하고, 이것들은 "죽지 않게 함不死"을 위한 것이라고 했다. 죽음[死]을 언급한 이유는 공자가 마지막 문장에서 "옛날부터 사람이란 죽게 되어 있는 것이다自古皆有死"라고 한 데에 있다. 따라서 자고로 인간에게 죽음은 정해져 있지만[有死] 식과 병을 통해 죽는 것을 약간 미룰 수 있다[不死]는 것이 정약용의 주장이다. 유학자들이 말하는 '불사'는 도교에서 말하는 장생불사와 다르다. 죽음 그 자체를 피하는 것이 아니라 좋은 정치를 통해 굶주림과 질병에서 백성들을 살리는 것이 유교가 말하는 '불사'다.

자공이 식, 병, 민신 중 한 가지를 버려야 한다면 무엇을 먼저 택할 것이냐 하는 질문에 공자는 병이라고 했다. 가장 먼저 국방을 포기하라는 것이다. 그리고 다음으로 식, 경제를 포기하라고 했다. 현실적으로 두 가지 모두 포기할 수 없다. 다만 국가 정책에서 우선순위를 무엇에 둘 것인가를 판단하자면 생각해 봄 직하다. 정약용은 공자의 대답에 대해 다음과 같이 설명한다.

> 병兵을 버려도 반드시 죽지는 아니하나, 식食을 버리면 반드시 죽는다.
> 去兵不必死。去食則必死。
> 《논어고금주》

경제가 국방보다도 중요하다는 것은 고대부터 통감하던 바다. 경제, 특히 서민 경제가 우선되어야 한다는 것은 춘추전국 시대나 코로나 시대 모두 마찬가지다. 그런데 감염의 시대로 접어들면서 대한민국의 많은 소상공인과 자영업자들이 경제적으로 어려움에 처하게 되었다. 지금 더 중요한 것을 잃지는 않았는가 따져 보아야 한다.

공자는 경제나 국방보다도 더 중요한 것이 국민적 공감[民信]이라고 말했다. 상호 신뢰라는 것은 기본적으로 서로를 이해할 수 있는 상황에서 작동하는 것으로, 여기서 신뢰[信]는 이해 또는 공감이라고 풀이될 수 있다. 즉 국민이 정부를 신뢰하려면 정부의 정책에 공감[恕]하며 받아들일 수 있어야 한다. 따라서 정부가 서민의 실태를 제대로 아는 것이 중요하다. 그래야 국민들이 공감할 수 있는 정책을 시행할 수 있기 때문이다. 구체적인 이해를 위해 정약용의 설명을 좀 더 살펴보자.

백성이 윗사람을 신임하는 마음이 없으면 무너지고 흩어져 서지 못하고, 백성이 서지 못하면 비록 병兵이 있더라고 외환을 막을 수 없고, 비록 식食이 있더라도 즐거움을 누릴 수 없다.

民無信上之心。則頹墮而不立。民不立則雖有兵。無以禦患。雖有食。無以享樂。

《논어고금주》

여기서 국민의 신뢰를 국민적 공감이라고 할 수 있는 근거는 "민불립民不立"이라는 표현이다. 공자는 서를 "기소불욕 물시어인"이라 정의했고, 이를 긍정형 표현으로 "기욕립이립인己欲立而立人"이라고 설명하기도 했다. 국민들이 설[立] 수 있게 만드는 것이 정부가 할 일이다. 국민적 공감이라는 말은 원문 속 "민신지民信之"를 풀이한 것인데, 정약용은 이 세 글자를 "백성이 윗사람을 신임하는 마음이 없다"라며 "민무신상지심民無信上之心"이라는 여섯 글자로 표현해 국민의 신뢰 대상을 "윗사람上"이라고 구체적으로 명시했다. 다시 말해 정치 리더[上]에 대한 신뢰가 없으면 국방력이 있어도 환란을 막기 어렵고, 경제력이 있어도 즐거움을 향유할 수 없다는 것이다.

대한민국은 한국전쟁이라는 실제 전쟁을 경험한 지 오래되지 않은 특수한 상황이라 전쟁에 대해 민감도가 높은 편이다. 그래서일까 코로나 사태라는 전시에 가까운 국면에 들어서자 전쟁을 방불케 하는 국민감정이 표출되고 있다. 국방력과 경제력은 이미 선진국 대열에 들어서 있지만, 제대로 대비하지 못했던 방역 정책은 서민들에게 공감보다는 고통을 안겨 주었다.

코로나 시대에 국민들 사이에 빈부 격차, 또한 학생들 사이에 학습 격차가 더욱 커졌다. 정부에서 방역 정책을 시행할 때는 서민의 삶을 세심하게 살펴야 한다. 정부가 세운 정책이 자영업자나 소상공인들의 실정을 헤아리지 못하면 그들은 생업을 포기할 수밖에 없다. 인류가 한 번도 경험해 보지 못했던 코로나 사태 이후, 우리는 이제 질병과 함께 상생해야 하는 '위드 코로나'를 앞두고 있다. 급박한 상황에서 타국에 모범이 될 만한 방역 정책을 펼쳤지만, 그로 인해 많은 희생을 감수해 낸 서민들에게 국민적 공감을 얻을 수 있는 새로운 국면의 경제적 복구 정책을 수립해야 한다.

공자는 경제, 국방, 국민적 공감 이 세 가지 중에서 국방을 가장 먼저 버릴 수 있고 그다음으로 경제도 버릴 수 있다고 했지만, "백성들은 믿음 없이는 지탱 못 한다民不信不立"라고 강조했다. 국민적 공감을 상실한 정부는 위태로워진다는 사실을 기억해야 한다.

진정한 친구

충고이선도지 忠告而善道之

《논어》의 첫 부분인 〈학이〉편 1장의 두 번째 문장 "벗이 멀리서 찾아오니 기쁘지 아니한가有朋自遠方來 不亦樂乎"는 우리에게 매우 친숙한 고전 문장 가운데 하나다. 특히 2008년 베이징올림픽 개막식을 시작할 때, 중국이 세계인들을 환영하는 의미로 전광판에 띄워 뜨거운 반응을 이끌어 낸 문장이기도 하다. 언택트, 비대면이 뉴노멀화된 코로나 시대에는 더욱 절실하게 다가오는 말이다. 이 문장 속에서 친구를 뜻하는 붕朋은 보통 '붕우朋友'라는 표현으로 더 많이 쓰인다. 실제로는 〈안연〉편 23장의 우友와 거의 같은 의미다. 여기서 자공은 공자에게 벗[友]에 대해 질문한다.

자공이 벗에 대하여 물은즉

子貢問友。

공자 : 진심으로 타일러서 잘 인도하도록 하되 듣지 않거든 그만두어라.

子曰忠告而善道之。不可則止。

모욕을 당하게 되도록까지 할 것은 없느니라.

毋自辱焉。

《맹자》의 오륜 가운데 붕우유신朋友有信이 있다. 우리말에서 벗 또는 친구는 사람 사이의 매우 소중한 관계를 나타내는 단어다. 서양에서도 우정은 매우 중요한 개념이었다. 그래서《천주실의天主實義》를 저술한 예수회 선교사 마테오 리치Matteo Ricci, 1552~1610는 앞서 첫 한문 저작으로 우정론을 다루는《교우론交友論》이라는 책을 남겼다.《교우론》의 첫 문장은 다음과 같다.

나의 벗은 타인이 아니라 나의 반쪽이니, 바로 '두 번째의 나'라고 할 수 있다. 그러므로 마땅히 벗을 자기처럼 여겨야 한다.

吾友非他。卽我之半。乃第二我也。故當親又如己焉。

젊은 시절 마테오 리치의《천주실의》를 탐독했던 그답게 정약용은《교우론》에도 많은 영향을 받았다. 게다가《교우론》은 다른 서학서와 달리 보편적 감정인 우정을 다루었기 때문에, 조선의 유학자들도 긍정적으로 보았다. 정약용이 받은《교우론》의 흔적은〈안연〉편 23장의 벗[友]을 그가 "뜻이 같고 서로 의사가 합치되는 사람志同而意合者"이라고 정의한 것에서 찾을 수 있다. 정약용은 뜻[志]과 의사[意]가 합동合同되는 사람을 '벗'이라고 보았다. 살아가면서 뜻이 같고 의사가 합치되는 사람, 다시 말해 나에게 공감[恕]해 주는 사람이다. 그런 사람[友]이 이 세상에 하나라도 있어 나를 만나고자 멀리서 찾아온다면[自遠方來] 정말 반가울[樂] 것이다. 혐오의 시대, 나를 이해해 주는 사람이 절실한 시대를 살아가는 우리는 〈학이〉편 1장의 문장을 이렇게 읽을 수 있다.

〈학이〉편 1장에서의 친구는 특히 멀리서 온 친구이기 때문에 반가운 감정이 압도적인 대상이다. 그런 친구는 어떤 실수를 해도 웬만하면 용납할 수 있다. 멀리서 온 것 자체가 나와 마음이 합동되었다는 것을 증명하기 때문이다. 그러나 〈안연〉편 23장에서의 친구는 충고가 필요한 사람으로 등장한다. 진정한 친구는 마음이 합치된 것을 넘어서 충고도 스스럼없이 할 수 있는 사람이다. 뼈아픈 비판이 담긴 충고라도 들어 줄 수 있는 사람, 또는 그런 충고를 할 수 있는 사람이 '찐' 친구다. 충고에 대해 정약용은 다음과 같이 설명한다.

> 충고는 시비是非로써 말해 주는 것이고, (선도善道는) 착한 도道로써 인도하는 것이다.
>
> 忠告。以是非告之。以善道導之。
>
> 《논어고금주》

현대인에게 친구의 의미는 매우 낭만적이다. 어렸을 적 같이 어울리던 단짝 친구들, 그들과 공유하는 아름다운 추억, 이런 것들이 친구에 대한 대표적인 이미지다. 그런데 그런 친구에게 옳고 그름을 가리며 충고하는 것은 쉽지 않다. 하는 사람도 부담스럽고 듣는 사람도 마음 상하기 쉽다.

정약용은 "선도善道"에 대해서 "착한 도로써 인도[導]하는 것以善道導之"이라고 풀이했다. 필자의 중학교 시절, 선도부 선배들이 '선도'라는 명목하에 폭력을 자행했던 기억이 있어서 그런지 아직도 선도라는 말은 종종 위선적으로 들린다. 비록 현실에서 타인의 선도가 그리 보일 때가 있어도, 참된 친구가 행하는 선도는 다르다. 바람직한 친구는 충심으로 조언해 좋은 길로 이끌어 준다.

그러나 아무리 친하고 바람직한 친구 사이라도 적당한 선이 필요하다. 그래서 공자는 자공에게 그만둘 줄[止]도 아는 지혜를 일러 주었다. 지止는 《대학》의 삼강령三綱領에서 "지극한 선善에서 머무르라止於至善"라는 문장에 쓰였다. 결국 공자는 친구를 선도하기 위해 충고할 수도 있지만 충고를 포기할 줄도 알아야 한다고 말한 것이다. 이렇게 그는 자공에게 '충고의 남발은 스스로 욕될 수 있다'라는 진지한 충고를 던졌다. 정약용의 생각도 그와 같았다.

따르지 않으면 그쳐야 한다. 굳이 말할 때 모욕을 당할 수도 있다.

不見從則止。必言之。或見辱。

《논어고금주》

그렇다면 충고는 어느 때 할 수 있는 것일까? 공자는 분명하게 말하지 않았고, 정약용도 마찬가지다. 그렇다면 조선 유학자들은 이 말을 어떤 방식으로 이해했을까? 유학자들은 태생이 권력과 가까운 사람들이다. 조선의 선비들은 누구나 관직에 나가길 원했다. 왕과 가까운 거리에서 친구 같은 사이로 권력을 나누기를 원했다고 해도 지나친 말은 아닐 것이다. 하지만 조선의 역사에서 군주와 신하가 친구같이 보기 좋게 지내는 모습을 찾기란 쉽지 않다. 군주를 스승이나 어버이같이 여겼기 때문이다. 정약용에게도 정조는 스승이었다. 정약용은 성호 이익을 사숙하였을 뿐 스승 없이 자득했다고 일컬어지지만 그의 실질적인 스승은 정조다. 그렇기에 정약용은 군주에게 친구 같은 충고를 할 수는 없었을 것이다. 실제로 정약용의 글을 보면 곳곳에서 정조에 대한 존경심이 넘쳐 난다.

그런데 한편으로 군주 또한 신하들과 진정한 친구 같은 관계를 맺고 충고 듣기를 원하기도 한다. 세상을 파악할 때 오직 신하들의 보고를 통해 세상 이야기를 듣게 되는 군주는 싫든 좋든 전적으로 신하들에게 의존할 수밖에 없다. 그러므로 신하의 역할은 매우 중요했다. 정무를 바르게 보기 위해서는 바깥 세상에 대한 이야기, 구체적으로 서민들의 살림살이 형편을 정확하게 전달받아야 했다. 군주를 정말 친구처럼 아끼는 신하라면 현재 나라의 정책이 백성의 신뢰를 얻고 있는지, 국민적 공감대를 형성하고 있는지 객관적으로 전달할 의무가 있었다. 그 의무를 잘 이행하는 신하가 많을수록 국민들의 삶이 편안해졌다. 신하들이 개인의 이익을 취하지 않고 충언을 올렸을 때 그 충심을 이해하고, 더 나아가 국민들을 이해하기 위해 노력했던 군주들은 결국 역사적으로 성군聖君이라 칭송받았다. 반면에 자기 목숨과 재산, 지위를 지키기 위해 '쓴소리' 한번 못 했던 신하들은 역사책에 간신姦臣으로 낙인찍혀 있다. 오늘날에도 리더에게 충고와 선도를 할 진정한 친구[友]가 필요한 이유다.

불혹과 부동심

인자불우 仁者不憂

정약용의 인생에서 특히 중요한 분기점이 바로 1800년, 정조의 죽음이다. 정치적 후원자인 정조가 사라지자 정약용의 정적들은 천주교 신봉 이력을 근거로 그의 정치 생명을 단절시켰다. 그렇게 유배를 떠난 것이 정약용의 나이 마흔 살 때다. 공자는 나이 사십을 "불혹不惑"이라고 했고, 맹자는 "부동심不動心"이라고 했다. 정약용은 다행히 미혹당하지 않았고, 마음이 흔들리지도 않았다. 그래서 한탄하거나 원망하는 말 또는 비난하는 말로 스스로의 상황을 표현하지 않았다. 정약용은 언어를 자기의 감정보다 도를 표현하는 데 사용한다.

〈헌문憲問〉편 30장은 〈이인〉편 15장과 대화 내용이나 형식이 비슷하다. 충서가 언급되는 〈이인〉편 15장은 공자와 증자의 대화로, 전문은 다음과 같다.

공자 : 삼아! 내 도는 하나로 꿰뚫었지.

子曰參乎。吾道一以貫之。

증자 : 네! 그렇습니다.

曾子曰唯。

(공자가 나간 후) 제자들 : 무슨 뜻입니까?

子出。門人問曰何謂也。

증자 : 선생님의 도는 충심으로 미루어 생각하는 데 있을 따름이다.

曾子曰夫子之道。忠恕而已矣。

〈이인〉편 15장은 공자-증자-제자들-증자 순서로 대화가 오고 가는 형식이다. 이를 더 단순화하자면 공자의 말씀을 증자가 해설하는 형태라고 볼 수 있다. 〈헌문〉편 30장도 이와 마찬가지다. 공자가 먼저 이야기를 하고 나서, 이 말에 대해 자공이 비평하는 형식이다.

공자 : 참된 인간의 길에 셋이 있는데, 나는 아무것도 못한다.

子曰君子道者三。我無能焉。

사람 구실 하는 이는 근심하지 않고

仁者不憂。

슬기로운 이는 어리둥절해하지 않고

知者不惑。

용기 있는 이는 두려워하지 않느니라.

勇者不懼。

자공 : 선생님이 자기 말씀을 하시는 거야.

子貢曰夫子自道也。

공자가 말하는 군자의 세 가지 길에 대해 자공은 "부자자도夫子自道", 즉 공자가 자기 자신에 대한 이야기를 했다고 평했다. 이는 증자가 말한 "부자지도夫子之道"와 비교해 볼 때, '지之' 한 글자의 차이만 있어 매우 유사한 형식을 띠고 있다. 물론 '도'의 의미는 서로 다르다. 증자의 경우 말 그대로 '선생님의 도'를 말한 것이고, 자공의 경우 '선생님[夫子]이 자기를 말한 것[自道]'이다. "부자자도"의 도는 '말하다'라는 의미로 해석해야 하기 때문이다.

그런데 자공이 평한 공자의 말씀은 군자도君子道에 관한 것이다. 군자의 길[道]에 대해 공자는 인자仁者와 지자知者와 용자勇者라는 세 부류로 나누어 설명했다. 이러한 방식은 〈자한〉편 28장에도 동일하게 나타난다.

슬기로운 이는 어리둥절해하지 않는다.

知者不惑。

사람 구실 하는 이는 근심하지 않는다.

仁者不憂。

장기가 있는 이는 두려워하지 않는다.

勇者不懼。

인자와 지자의 순서만 바뀌었을 뿐 내용은 같다. 《논어》에서 군자의 기본적 의미는 인자로서 '불우不憂하는' 사람이다. 즉 근심하지 않는 사람을 말한다. 그런데 공자는 무엇을 근심하지 않는지에 대해 구체적으로 말하지

않았다. 인자가 근심하거나 근심하지 않는 대상이 무엇인지 〈위령공〉편 31
장에서 나타난다.

> 쓸모 있는 인간은 자기의 나갈 길을 찾지, 먹고사는 일은 꾸미지 않는다.
>
> 君子. 謀道不謀食.
>
> 밭갈이 하되 배고픈 것은 그 속에 있거든. 학문을 닦으면 식록은 그 안에 있고.
>
> 耕也餒在其中矣. 學也祿在其中矣.
>
> 참된 인간은 나갈 길을 걱정하지, 가난을 걱정하지 않는 거야.
>
> 君子. 憂道不憂貧.

군자의 근심 대상은 도道일 뿐이지 빈곤[貧]이 아니다. 빈천貧賤을 싫어하
는[惡] 것은 인지상정이지만, 군자는 그마저도 초월한 경지에 있는 사람이
다. 여기서 도를 현대적으로 해석하면, 사회정의 또는 공정이다. 오늘날도
사람들은 빈천 그 자체를 좋아하지 않지만, 공정하지 못한 규정 때문에 빈
천에서 벗어나지 못하는 것을 더 싫어한다. 군자 또는 인자가 빈곤을 근심
하지 않는 것은 빈천 자체의 문제보다 사회정의나 공정성의 문제를 더 크
게 보았기 때문이다.

지자와 관련해 언급된 "불혹不惑"은 《논어》〈위정〉편 4장의 "사십이불혹
四十而不惑"에서 많이 알려진 축약어다. 《맹자》〈공손추〉 상편 2장에서 공손추
는 맹자와 아래의 대화를 나누었다.

공손추 : 선생님이 제齊나라 재상의 지위에 올라 도道를 실천하실 수 있게 된다면

비록 패도霸道가 되었거나 왕도王道가 되었거나 달리 여기실 것이 없을 것 같은데 그러시다면 마음이 흔들리시겠습니까? 그렇지 않으시겠습니까?

公孫丑問曰。夫子加齊之卿相。得行道焉。雖由此霸王不異矣。如此。則動心否乎。

맹자 : 아니다. 내 나이 사십이라 마음이 흔들리지 않는다.

孟子曰。否。我四十不動心。

맹자는 덕德으로 하는 정치를 왕도王道 정치, 힘[力]으로 하는 정치를 패도霸道 정치라고 규정하고 왕도 정치를 이상적인 정치로 보았다. 그런데 공손추는 만약 맹자가 제나라의 재상이 된다면 패도 정치와 타협하겠냐고 물었다. 맹자는 공자가 "사십이불혹四十而不惑"이라 한 것을 살짝 바꾸어 "사십부동심四十不動心"이라고 말하며 자신의 신념을 강조했다. 정약용은 이에 대해 《맹자요의》에서 다음과 같이 설명한다.

사람의 마음이 동요되는 까닭은 그 단서가 하나가 아니다. 외물外物이 다가올 때 혹 기뻐하거나 노여워하거나 근심하거나 슬퍼할 만하고 걱정하고 두려워하는 일들이 모두 내 마음을 동요시킬 수 있다. 만일 나의 기쁨·노여움·근심·슬픔·걱정·두려움 등의 감정이 사물에 따라 어지럽게 움직여 절제하는 바가 없게 되면 높은 곳에 거하며 외물을 진정시킬 수 없게 된다. 이것이 높은 자리에 처하고 큰 임무를 맡은 자가 우선 부동심을 귀하게 여겨야 하는 까닭이다.

人之所以動心。其端不一。凡外物之來。或可喜可怒可憂可哀恐懼之等。皆足以動吾心。若吾之喜怒憂哀恐懼之情。隨物亂動。無所節制。則不可以居高鎭物。此所以處大位當大任者。首以不動心爲貴。

《맹자요의》

정약용은 "부동심"의 원인으로 기쁨, 노여움, 근심, 슬픔, 걱정, 두려움 등 칠정에 속한 감정들을 나열하고, 여기서 더욱 두려움[懼]을 강조하며 〈헌문〉편 30장(그리고 〈자한〉편 28장) 속 "용기 있는 이는 두려워하지 않는다勇者不懼"와 연결한다.

다만 모든 감정 가운데 걱정[恐]과 두려움[懼]의 정情이 가장 절제하기 어려우므로 부동심不動心은 두려움이 없는 것을 으뜸으로 삼는다.

特以諸情之中。恐懼之情。最難裁制。故不動心者。以無懼爲首。

《맹자요의》

용기는 전쟁터에서 싸우는 군인들에게만 강조되는 것이 아니라 아랫사람을 보살피는 리더에게도 역시 중요하다. 이어지는 정약용의 주장은 다음과 같다.

나의 큰 덕이 큰 임무를 받아 큰 도를 행하기에 족하다면 저절로 마땅히 두려움이 없을 것이다. 나의 재덕이 본래 스스로 부족하면 군자는 마땅히 머뭇거리며 물러나 현자에게 길을 양보해야 한다. 어찌 억지로 두려움이 없기를 구할 수 있겠는가?

我之大德。有足以受大任行大道。則自當無懼。我之才德。本自不足。君子宜逡巡退縮。以讓賢路。豈可強求其無懼乎。

《맹자요의》

역사적으로 실재했던 공포정치는 국민들의 두려움을 일으켜 정권을 창출하고 유지한다. 그러나 덕德이 없어 정의[道]를 실천할 수 없는 정치인들이야말로 국민들을 두려워해야 마땅하다. 그것이 참된 군자의 길이다. 그리고 공자는 이 길[道]을 걸어간 사람이다.

31

적절한 공감

과유불급 過猶不及

《논어》에는 여러 인물평이 수록되어 있다. 그리고 공자에게 다른 사람에 대한 평가를 가장 많이 물은 제자는 자공이며, 스스로에 대해서도 선생의 평가를 구하기도 했다. 〈학이〉편 1장에서 공자는 "다른 사람이 알아주지 않아도 성내지 않는다人不知而不慍"라고 했지만, 그렇다고 공자가 다른 사람의 평가를 전혀 신경 쓰지 않은 것은 아니다. 유자儒子라면 누구나 당대 제후들에게 좋은 평가를 받아 재상으로 등용되는 것이 최고의 꿈이었기 때문이다. 그래서 "인부지이불온"을 유자의 대표자인 공자조차도 세간의 평가에 예민할 수밖에 없지만, 애써 태연해 보이고자 노력한 것이라 해석할 수도 있다.

자공은 선생이 다른 사람들을 어떻게 보는지를 가장 궁금해했고, 역사적 인물에 대한 선생의 평가에도 관심이 많았다. 〈헌문〉편 18장에서는 관중管仲에 대해서 묻기도 했다.

자공 : 관중은 사람 구실을 못 한 이가 아닐까요?

子貢曰管仲非仁者與。

환공桓公이 공자규를 죽였을 때 따라 죽지도 못하고 게다가 그를 돕기까지 하였습니다.

桓公殺公子糾。不能死。又相之。

'관포지교管鮑之交'라는 고사성어로 알려진 관중은 춘추 말기에 이미 역사적으로 위인이라고 평가받았던 인물인데도, 자공은 인仁의 측면에서 공자가 관중을 뭐라고 평가할지 궁금했던 것이다. 바로 앞 〈헌문〉편 17장에서 자로가 관중을 공자규의 은혜를 망각하고 원수인 환공을 섬긴 배신의 인물이라며 비판한 참이었다. 그러나 공자는 능력뿐 아니라 인의 측면에서도 관중을 인정했다. 그런데 〈헌문〉편 18장에서 자공이 또다시 관중의 인을 비판하자 공자가 다음과 같이 대답했다.

공자: 관중은 환공을 도와 제후의 두목이 되게 하여 천하를 한 번 바로잡았으나, 백성들은 지금까지도 그의 은혜를 입고 있다. 관중이 아니었다면 나도 머리를 기르고 왼쪽으로 여미는 되놈이 되었을 것이다. 어찌 자잘한 무리들이 꺼드럭거리다가 물구덩에 빠져 죽는 줄도 모르는 따위 같을 것이냐!

子曰管仲。相桓公霸諸侯。一匡天下。民到于今。受其賜。微管仲。吾其被髮左衽矣。豈若匹夫匹婦之爲諒也。自經於溝瀆而莫之知也。

앞서 맹자는 춘추전국 시대의 정치를 패도 정치라고 정의했다. 이는 예전 요^堯·순^舜과 같은 성인들이 펼친 왕도 정치와 상반되는 개념이다. 공자는 관중에 대해 "상환공 패제후^{相桓公 霸諸侯}"라 하여 "환공을 도와 제후의 두목이 되게 하였다"라고 적시하였다. 맹자의 개념으로 '패^霸'는 덕이 아닌 힘으로 얻은 권력이기 때문에 공자의 인^仁 사상과도 어긋난다. 하지만 관중이 패왕^{霸王}이 되어 결과적으로 도덕과 문화를 지켰기에 공자는 관중을 인자라고 인정했다. 이에 대한 정약용의 평가는 다음과 같다.

자규^{子糾}와 소백^{小白}은 모두 희공^{僖公}의 아들이다. 이미 그 군주의 지위에 바르게 정립했으면 이는 나의 군주다. 자규가 아직 죽지 않았을 때는 자규를 군주로 삼았기 때문에 환공을 원수로 할 수 있으나, 자규가 이미 죽었는데도 오히려 반드시 그를 원수로 하겠는가? 소홀^{召忽}의 죽음은 진실로 인^仁이 될 수 있고, 관중의 일도 반드시 불인^{不仁}하지 않은 것이다.

子糾·小伯。均是僖公之子。旣正其位。斯我君也。子糾之未死也。我以子糾爲君。故可以讎桓。子糾旣死。猶必讎之乎。召忽之死。固爲仁矣。管仲之事。未必爲不仁也。

《논어고금주》

관중이란 인물은 공자가 내세운 춘추대의^{春秋大義}에 가장 배치되는 인물로 보인다. 공자는 《춘추》를 저술하며 의리와 명분의 중요성을 강조했기 때문에, 의리 없는 관중을 비판하는 것이 당연해 보였다. 그래서 자공도 관중의 능력은 인정하지만 의리 명분 측면에서 비판했던 것인데, 예상 외로 공자는 자공의 비판에 동의하지 않았다. 관중이 환공을 도와 이민족의 침입을 막았으니 그 공으로 불인하지 않다는 면죄부를 얻은 것이다. 그리고 정약용은 업적이 아니라 실질적인 의리와 명분을 중심으로 논리를 제공했다는 점에서 더 적극적으로 관중의 불인을 변호했다고 볼 수 있다.

동양고전 중에서 가장 많은 인물평을 수록한 책일 정도로 《논어》는 사람에 크게 관심을 둔다. 사람에 대한 평가는 그 인물의 정보를 제공하는 것이므로, 《논어》의 인물평을 가볍게 보거나 부정적으로 볼 수만은 없다. 그렇지만 다른 사람에 관심이 너무 많은 자공에 대해 공자가 불편한 심기를 드러내기도 한다.

> 자공이 인물평을 늘어놓은즉
> 子貢方人。
> 선생 : 사는 잘났나 보지. 내게는 그럴 틈이 없는데…….
> 子曰賜也。賢乎哉。夫我則不暇。
> 〈헌문〉 31장

지식[知]에 대하여 "사람을 아는 것[知人]"이 가장 중요하다고 말했던 공자이므로, 공자가 다른 사람을 어떻게 볼지 궁금해하는 것은 당연하다. 그러나 자공의 궁금증은 조금 지나쳤나 보다. 자공이 평가에 지나치게 매달리니 공자는 그에게 자제할 것을 요구했다. 자공의 '방인方人' 또는 인물평에 대한 집착의 정점을 보여 주는 것이 〈선진先進〉편 15장이다.

자공 : 자장과 자하는 누가 더 잘났을까요?

子貢問師與商也孰賢。

공자 : 자장은 지나치고, 자하는 미지근하다.

子曰師也過。商也不及。

자공 : 그러면 자장이 더 나은가요?

曰然則師愈與。

공자 : 지나친 것도 미지근한 것과 같다.

子曰過猶不及。

자공은 선생에게 다른 제자들을 비교 평가해 주길 청기도 했다. 한번은 그가 자장과 자하에 대해 물었는데, 그때 공자가 한 말이 바로 "과유불급過猶不及"이다. 《한글 논어》에서는 과過를 "지나치고"라고 번역했고, 불급不及은 "미지근하다"라고 번역했다. 통상 '지나친 것은 모자란 것만 못하다'라는 의미로 이해된다. 하지만 유猶는 '같다'라는 의미다. 지나친 것과 모자란 것은 같다. 우리는 보통 모자랄 바에 차라리 남는 것이 낫다고 여겨 왔다. 환경문제가 가장 큰 이슈인 요즘이야 모자란 게 더 낫다고 여기지만, 과거 물자가 부족하던 시절에는 남는 것이 좋다는 인식이 있었던 탓이다. 'Too Much Information'을 줄인 TMI라는 말처럼 정보도 과하면 부담스럽다. 관심도 없는 이야기를 너무 많이 하는 Too Much Talker에 대해서도 사람들은 염증을 느낀다.

과유불급은 감정에도 적용할 수 있다. 《중용》에서 말하는 희로애락喜怒哀樂이나 《예기》 〈예운〉편의 희로애구애오욕喜怒哀懼愛惡欲이나, 핵심은 감정에 대한 절제가 필요하다는 것이다. 좋은 일이 생겼다고 너무 좋아해서도 안 되고, 슬픈 일을 당했다고 너무 슬퍼해서도 안 된다. 두려워하고 사랑하고 싫어하고 바라는 감정은 그 자체로 자연스러운 것이지만 적당히 표출되어야 한다. 그러한 감정을 적절하게 표출할 수 있게 기준을 세워 놓은 것이 예禮다.

조선 사상사에서 17세기에 가장 두드러지는 사건은 예송 논쟁이다. 그런데 예송 논쟁을 단순히 허례허식을 비판하는 관점으로 접근할 것이 아니다. 임진왜란과 병자호란이라는 거대한 전란을 겪고 난 이후에 조선에서 인간의 감정 조절이 왜 중요하게 여겨졌는지를 먼저 생각해 보아야 한다. 공감도 감정의 영역이다. 다른 사람의 감정에 대해 과하게 반응하거나 미지근하게 반응하면 오히려 반감을 사기도 한다. 그러니 사람의 일에 있어 무엇보다 적절한 공감대를 형성하는 것이 중요하다.

32

엔지니어의 디자이어
공욕선기사 션리기기 工欲善其事 先利其器

《논어》의 핵심이 인仁이라는 것은 누구나 동의한다. 인은 《논어》에서 총 109회 등장하는데, 서恕가 단 두 번 등장하는 것과는 매우 대조적이다. 그러나 공자가 〈안연〉편 2장에서 중궁이 인에 대해 물었을 때 "기소불욕 물시어인己所不欲 勿施於人"이라고 했고, 〈위령공〉편 23장에서 자공에게는 그것이 곧 서라고 했으므로, 인은 서다. 주목할 점은 《논어》에서 공자와 자공의 대화가 30회 이상 등장하지만, 자공이 직접 인에 대하여 물은 적이 없다는 사실이다. 〈위령공〉편 9장에서도 자공은 인이 아니라, 정확하게는 "위인爲仁"에 대해 물었다. 이는 《한글 논어》 번역을 따르면 인을 행하는 방법을 물은 것이다.

자공이 사람 구실 하는 방법에 대하여 물은즉

子貢問爲仁。

공자 : 공장이가 제 구실을 잘하자면 먼저 연장을 잘 단속해야 한다.

子曰工欲善其事。必先利其器。

그 나라에 있을 때는 그 나라 대부 중에 잘난 이를 섬기고

居是邦也。事其大夫之賢者。

그 나라 벼슬아치 중에 사람다운 사람과 사귀어야 한다.

友其士之仁者。

먼저 인을 물었던[問仁] 제자들에게 한 공자의 대답을 정리해 보자. 공자에게 직접 인에 대해 질문한 제자는 네 명에 불과하다. 그중 가장 유명한 질문은 당연히 안연의 것이다. "극기복례克己復禮", 더 줄여서 '극복克復'이라는 말의 어원을 따라 올라가면 〈안연〉편 1장에서 공자가 안연에게 일러 준 인의 핵심이 무엇인지 알 수 있다. 성균관 문묘에 있는 안연의 위패 속 공식 존호도 복復이 강조된 '복성復聖'이라고 되어 있다.

안연의 극기복례로 시작하는 〈안연〉편에는 총 4명의 제자들이 인에 대해 질문한다. 〈안연〉편 2장에서 중궁이 인에 대해 물었고 바로 이어지는 장에서 사마우司馬牛가 인에 대해 물었다.

사마우가 사람 구실에 대하여 물은즉

司馬牛問仁。

공자 : 사람다운 이는 말을 더듬거린다.

子曰仁者。其言也訒。

사마우 : 말만 더듬거리면 사람답다고 할 수 있을까요?

曰其言也訒。斯謂之仁矣乎。

공자 : 실행이란 힘든 것인데 말을 안 더듬을 수 있겠느냐!

子曰爲之難。言之得無訒乎。

〈안연〉 3장

《한글 논어》에서는 인訒을 "더듬거리다"로 번역했는데, 정약용은 "말하기를 어렵게 여기는 것言難出"이라고 하였다. 그래야 원문 속 '실행의 어려움[爲之難]'과 '말하기의 어려움[言難出]'의 의미가 자연스럽게 연결되기 때문이다. 이에 따르면 공자의 마지막 문장을 '실행하기가 어려우니, 말하기를 어렵게 여기지 않을 수 있겠는가?'로 이해할 수 있다. 안연에게 "예禮가 아니면 말하지 말라非禮勿言"라고 했던 것과 같은 맥락으로 보면 된다. 〈안연〉편에서 인仁에 대해 질문한 마지막 제자는 번지다.

번지가 사람 구실에 대하여 물은즉

樊遲問仁。

공자 : 남을 사랑해야 한다.

子曰愛人。

앎에 대하여 물은즉

問知。

공자 : 사람을 알아야 한다.

子曰知人。

〈안연〉 22장 a

공자는 인에 대해 "애인愛人", 지에 대해 "지인知人"이라고 설명했다. 지를 '지인'으로 풀이한 것에 비해, 인은 '인인仁人으로 표현하지 않고 '애인'이라고 한 것에서 인이 곧 애愛라는 것을 알 수 있다. 인은 사랑[愛]이고, 그 1차 대상은 사람[人]이다. 사람은 사람을 다른 무엇보다도 아끼고 사랑해야 한다. 사람이 목적이 되어야지 어떤 이유에서든지 사람을 도구로 사용해서 안 된다는 것이 인의 핵심이다. 그런데 번지가 인에 대해 물은 것은 이번 한 번뿐만이 아니다. 이후에도 두 차례나 더 등장하는데, 〈자로〉편 19장에서 번지의 질문에 대한 공자의 대답은 다음과 같다.

집안에서는 공손하고, 일 처리는 깍듯이 하고, 진정으로 남과 사귀어야 하는 것들은
居處恭。執事敬。與人忠。
되놈의 땅에 가더라도 버릴 수 없을 것이다.
雖之夷狄。不可棄也。

공자는 인을 실천해야 하는 세 가지 상황으로 "집안居處"과 "일 처리執事"와 "남과 사귐與人"을 제시했다. 그리고 각 상황에서 지녀야 할 태도는 "공손함恭", "깍듯함敬", "진정성忠"이다. 여기에서 서를 포함한 《논어》의 주요 개념들이 인을 행하는 수단으로 소개되면서 모두 인으로 수렴되고 있음을 알 수 있다.

〈자로〉편 19장에서 공자가 한 대답은 인의 개념을 규정한 것이라기보다 인의 실행 방법을 설명한 것이다. 그래서 자공이 "위인"이라고 물은 것도 결국 맥락상 인을 질문했다고 볼 수 있다. 자공이 위인에 대해 묻자, 공자는

먼저 공장이[工]의 비유로 대답을 시작한다. 공자와 자공과의 대화에 많이 등장했던 '욕欲'이라는 감정이 〈위령공〉편 9장에서 공장이의 욕망[欲]에 대한 비유로 또다시 등장한다.

> 공장이가 제 구실을 잘하자면 먼저 연장을 잘 단속해야 한다.
>
> 工欲善其事。必先利其器。

직역하면 '장인이 그 일을 잘하려고 하면 반드시 먼저 그 연장을 예리하게 해야 한다'이다. 이 공장이 비유는 "공욕선기사 필선리기기工欲善其事 必先利其器"라는 열 글자에 불과하지만, 공장이를 제외한 욕欲, 선善, 사事, 이利, 기器 등은 모두 유가 철학에서 주요한 개념어들이다. 그리고 이 비유의 의미는 "집안에서는 공손하고, 일 처리는 깍듯이 하고, 진정으로 남과 사귀어야 하는 것들"이라며 구체적으로 설명되었다. 공장이가 자기 일을 잘하기 위해 우선 연장부터 정비하는 것처럼, 사람다운 사람이 되기 위해서는 공손함과 깍듯함 그리고 진정함을 수련해야 한다는 것이다.

그런데 여기서 공감과 관련해 중요한 글자는 '욕'이다. 엔지니어가 작업을 원활하게 해내고 싶은 욕망desire을 이루려면 전제조건이 있다. 바로 장비의 유지보수다. 공자는 기술 전문가인 공장이 비유를 통해, 공감능력의 극대화를 위한 장비는 공손함, 깍듯함, 진정함이라는 것을 말하고자 했던 것이다. 더불어 상인 출신인 자공에게 '공장이' 비유를 했다는 점이 신선하게 다가온다.

공감과 수치심
행기유치 行己有恥

〈위령공〉편 9장에서 자공은 공자에게 위인[爲仁], 인을 행하는 방법을 물었다. 여기에서 공자가 한 대답은 자공 맞춤형의 '인에 대한 이론[仁論]'이라 할 수 있다. 맹자는 인을 인의예지[仁義禮智]로 확장했지만, 송대 유학자들에 이르자 다시 인 자체의 중요성이 부각되었다. 봄이 나머지 계절을 관장하는 것처럼 인의예지에서도 인이 다른 덕들을 관장한다고 판단한 것이다. 그래서 정이천은 먼저 인을 인식하라고 주장하며 〈식인〉편을 지었다. 주자도 이것을 계승하여 인에 대한 이론을 담은 〈인설〉편을 짓고, 이 내용을 기반으로 한 그림 〈인설도[仁說圖]〉도 직접 그렸다. 〈인설도〉는 퇴계 이황의 《성학십도》 가운데 일곱 번째 삽화로 실려 있다. 비록 맹자에서 정이천 그리고 주자로 이어지는 정통 인론[仁論]은 아니지만, 자공이 전수받은 인론은 엔지니어에게 적용된 인론이기 때문에 현대적인 해석이 가능하다.

그런데 공자가 자공에게 전수한 것은 인론만이 아니다. 《논어》에는 선비론[士論]도 상당히 길게 서술되어 있다. 먼저 자공이 어떻게 해야 선비라 말할 수 있는지를 물었다. 그러자 공자는 이렇게 이야기했다.

> 자공 : 어떻게 하면 선비라고 할 수 있습니까?
> 子貢問曰何如。斯可謂之士矣。
> 공자 : 제 몸을 가누는 데 염치를 알고
> 子曰行己有恥。
> 외국으로 사신 가서 제 책임을 다할 수 있다면 가히 선비에 들 수 있지.
> 使於四方。不辱君命。可謂士矣。
> 〈자로〉 20장 a

"제 몸을 가누는 것行己"과 "외국으로 사신 가는 것使於四方"이 한 문장 안에 있기에는 자연스럽게 연결되지 않는다. 여기서는 두 가지 이질적인 상황보다는 "유치有恥"와 "불욕不辱"에 초점을 맞추는 것이 더 적절하다. 정약용은 불욕에 대해 다음과 같이 설명한다.

> 욕辱은 굴욕[屈]의 뜻이며 수치[恥]의 뜻이다. 사신으로 가서 예禮를 잃고 대답을 잘못하여 사행使行의 일을 그르치면, 이는 임금의 명命을 욕되게 하는 것이다.
> 辱。屈也恥也。使而失禮失對。以誤使事。是辱君命。
> 《논어고금주》

정약용은 치恥와 욕辱을 같은 것으로 보았다. 그러니까 선비는 자기의 행동[行己]이나 사신의 직무[使於四方]에서 치욕거리를 만들면 안 된다는 것이다. 지금의 글로벌 시대는 물론이고 고대부터 사신의 역할은 매우 중요했다. 예로부터 국가 가의 정무에서 의리와 명분만 지켜서는 치욕을 면하기 어려웠다. 따라서 춘추전국 시대에 등용된 탁월한 선비들은 실제로 외교의 달인들이었다. 전술의 달인, 타고난 전략가들도 있었지만 특히 무력을 쓰지 않고 외교를 통해 평화를 유지할 줄 아는 선비들이 보다 더 인정받았다.

자공은 '치욕恥辱'만으로는 만족할 수 없어서 다시 묻는다. 이제 공자는 조금 범위를 좁혀서 대답한다.

자공 : 그다음은 어떤가요?

曰敢問其次。

공자 : 집안 사람들은 효성스럽다 하고, 마을 사람들은 공손하다 하면 되지.

曰宗族稱孝焉。鄕黨稱弟焉。

〈자로〉 20장 b

이렇게 공자는 "집안 사람들宗族"과 "마을 사람들鄕黨"에게 인정받는 것을 말했다. 〈자로〉편 20장의 논리적 흐름은 의미가 조금 다르지만 《대학》의 "수신제가修身齊家"와 비슷하다. 《대학》이 제시하는 첫 번째 할 일은 자신을 닦는 것[修身]이다. 행기[行己]는 자기의 행동이라는 점에서 수신과 안팎의 방향성 차이가 있지만 둘 다 자기 자신에게 일어나는 일이다. 《대학》에서 말하는 두 번째 할 일은 집안을 가지런하게 만드는 것[齊家]으로 그 범위가 넓어진다. 〈자로〉편 20장에서도 이와 유사하게 집안과 마을로 행동 영역이 확장된다. 그런데 공자가 여기서 강조한 것은 인과 깊은 관련이 있는 효孝와 제弟다. 종족宗族에서는 효를 인정받고, 향당鄕黨에서는 제를 인정받으면 선비라 할 수 있다고 하였다. 즉, 《논어》에서 선비란 인을 실현한 경지에 오른 군자 또는 대인과 동일하다. 다음 단계는 언행으로 다시 그 영역이 축소된다.

자공 : 그다음은 어떤가요?

曰敢問其次。

공자 : 말에 빈틈이 없고, 행동에 끝장을 보고야 마는 것은 딱딱한 것이라 하찮은 인물이지. 하지만 그다음에나 간다고 해 두자.

曰言必信。行必果。硜硜然小人哉。抑亦可以爲次矣。

〈자로〉 20장 c

《한글 논어》에서는 "언필신言必信"에 대해 "말에 빈틈이 없다"라고 번역했고, 정약용은 이에 대해 다음과 같이 설명했다.

'말은 반드시 믿음이 있게 한다言必信'는 것은 약속이 있으면 반드시 실천하여 그 시기를 지나치지 않는 것이다.

言必信者。有約必踐。不度時也。

《논어고금주》

공자에 따르면 선비는 말에 빈틈이 없어야 하고, 선비의 최종 목표는 유학자답게 성군의 곁에서 나랏일을 하는 것이다. 그러므로 공직자가 될 선비는 말에 빈틈이 없어야 한다는 것이 《논어》의 가르침이다.

이 가르침을 현대적으로 풀어 보자. 공자의 말마따나 누구보다 자신의 말에 책임감을 지녀야 하는 사람은 오늘날 누구인가? 바로 정치인이다. 이제 시민들은 더 이상 선거 공약을 신뢰하지 않는다고들 말한다. 그럼에도 우리는 아직도 정치인의 성과를 확인할 때 공약 달성률을 확인한다. 그러니 정치인은 국민의 인식을 되돌릴 수 있도록 자신의 말에 책임져야 한다.

"언필신"에 이어지는 "행필과行必果"를 《한글 논어》에서는 "행동에 끝장을 보고야 마는 것"이라고 했는데, 정약용의 설명은 다음과 같다.

'행동을 반드시 결실이 있게 한다行必果'는 것은 일이 있으면 반드시 결실이 있으나 그 의리를 헤아리지 않는 것이다.

行必果者。有事必結。不揆義也。

《논어고금주》

또한 약속을 지키는 것만큼 중요한 것이 결과를 창출해 내는 것이다. 물론 결과물이 최선의 것이 아니고 때로는 기대에 '못 미친다[不及]' 하더라도, 결과가 있는 것이 바람직하다. 선비에 대해 논하던 공자와 자공의 마지막 대화는 다음과 같다.

자공 : 요즈음 행정가들은 어떻습니까?

曰今之從政者何如。

공자 : 흥, 조불조불한 사람들을 어찌 다 셀까!

子曰噫。斗筲之人。何足算也。

〈자로〉 20장 d

이 문장을 보고 한번 우리나라의 지금 행태를 떠올려 보자. 무슨 말이
더 필요할까, 어느 유명한 만화의 대사로 마무리하겠다.

"더 이상의 자세한 설명은 생략한다."

공감과 《주역》

군자지과 君子之過

정약용은 《주역》에 대해 "회과지서悔過之書"라고 정의했다. 과실[過]을 뉘우치는[悔] 책이라는 뜻이다. 그리고 공자는 《주역》을 배우면 "큰 과실은 없을 것無大過"이라 하였다. 작은 과실이야 피할 수 없다지만, 큰 과실은 《주역》의 가르침을 통해 막을 수 있다고 여겼다. 자공도 과실에 대한 말을 남겼다. 작은 과실이 아니라 "군자의 과실君子之過"에 대한 것이다.

자공 : 참된 인간의 허물은 일식이나 월식 같다.

子貢曰君子之過也。如日月之食焉。

잘못을 하게 되면 사람들이 다 볼 수 있고

過也人皆見之。

고치게 되면 사람들이 다 우러러보게 된다.

更也人皆仰之。

〈자장〉 21장

〈자장〉편 21장은 공자와 자공의 대화가 아닌 자공의 독백으로 이루어져 있다. 《논어》에는 공자의 말과 대화만 기록된 것이 아니다. 이처럼 제자의 말만 기록된 것도 있으니 특별하지는 않다. 《맹자》에도 비슷한 내용이 등장한다.

옛 군자들은 잘못이 있으면 일식 월식과 같아서 백성들이 모두 이를 보았고 고치는 경우에는 백성들이 모두 우러러보았으나 지금의 군자는 어찌 한갓 따를 뿐이고 또한 따라서 변명을 하는가?

且古之君子。過則改之。今之君子。過則順之。古之君子。其過也。如日月之食。民皆見之。及其更也。民皆仰之。今之君子。豈徒順之。又從而爲之辭。

내용이 유사한 것을 보아 〈자장〉편 21장은 후학들에 의해 계속 전승된 것으로 보인다. 이렇게 자공의 말이 인용된 것을 보면, 《논어》의 편집에 자공 본인 또는 자공 학단의 역할이 컸을 것이라고 충분히 짐작할 수 있다.

이 문장 속에 쓰인 과過는 '지나가다' 또는 '지나치다'라는 기본 의미로 쓰이지만, 과실過失같이 '허물'이라는 의미로 쓰이기도 한다. 여기서 자공이 주제로 삼은 것은 군자의 허물[過]이다. 보통 사람들의 허물은 그냥 넘어가거나 덮어 줄 수도 있다. 그러나 지금도 고위직 임명후보자들을 인사청문회에서 검증할 때, 작은 허물[小過]은 묵인하기도 하지만 큰 허물[大過]은 야당과 언론에서 무자비한 공격을 한다. 자공은 이러한 상황을 일식과 월식에 비유해서 설명한 것이다. 춘추전국 시대는 지금처럼 매스컴이 발달하지 않았더라도 백성들에게 리더의 허물은 지금처럼 큰 관심 대상이었다. 정약용은 일식과 월식에 대해 길게 설명한다.

　달이 해를 가리는 것을 일식이라 한다. 대개 해가 천공天空에서 위치를 위에 하고 달이 천공에서 위치를 아래에 하여, 합삭合朔 때 해와 달이 서로 만나면서 동서로 경도가 같고 남북으로 위도가 같으면 달이 해를 가린다. 그러나 반드시 해와 달과 사람의 눈 세 가지가 일직선이 되었을 때라야 그 일식을 보게 되는 것이다. 지구가 해와 달 사이에 위치해 있을 때 월식이 된다. 대개 달은 본래 빛이 없고 일광日光을 받아 밝아지는 것이다. 바로 보름에 달과 지구와 해 세 가지가 일직선이 되어 지구가 해의 빛을 가리면, 사람은 지구와 해를 등지고서 이에 월식을 보게 된다.

　月掩日爲日食。蓋日天在上。月天在下。合朔之時。日月交會。東西同度。南北同度。則月掩日。然必日月眼參直。乃見其食。地隔日爲月食。蓋月本無光。得日光以爲明。正望之時。月地日參直。地遮日光則人負地與日。乃見月食也。

　《논어고금주》

　지금 우리의 입장에서는 초보적인 설명에 불과하지만, 서학 열풍에 경도되어 있던 당시의 정약용에게 일반적인 자연현상을 과학적으로 설명한다는 것은 큰 의미가 있었다. 《논어》를 해설하면서 이러한 과학적 설명을 길게 한 것이 과하다고 느껴질 수도 있는데, 조선 후기 실학자들의 트렌드라고 보면 될 것이다. 물론 기초과학적 설명에 이어 인문학적 설명이 바로 이어진다.

　지극히 밝았던 물체인데 그 본래의 밝음을 잃으면, 이는 마치 사람으로서 허물을 지은 것과 같은 그런 것이다.

以至明而失其本明。如人之作過然。

《논어고금주》

요즘 유명인이라 하면 대부분 연예인이다. SNS상에서 수많은 팔로워나 구독자를 가진 일반인도 있지만, 여전히 연예인이 사회에 끼치는 영향은 막강하다. 그래서 그들의 말이나 행동이 구설수에 오르내리기 일쑤다. 사회적 영향력이 있으므로 공인에 준하는 품격을 지킬 것이 요구되기도 하지만, 역시 정치인 또는 고위직 공무원들에게 기대하는 만큼은 아니다. 정치인의 허물은 본래의 빛을 잃는 일식이나 월식과도 같다. 그러나 정치인이라고 해서 모두 완벽한 인간은 아니다. 사람은 누구나 실수할 수 있다. 하지만 큰 실수를 범해서는 안 되며, 작은 실수는 줄여 나가야 한다. 그리고 실수를 했다면 고쳐야 한다. 그래서 자공이 "잘못을 하게 되면 사람들이 다 볼 수 있고, 고치게 되면 사람들이 다 우러러보게 된다"라고 한 것이다. 공자는 큰 허물을 없애는 가장 확실한 방법을 제안했다.

몇 해를 더하여 쉰에라도 역학易學 공부하게 되면 큰 허물은 없게 되련만!

加我數年。五十以學易。可以無大過矣。

〈술이〉 16장

《주역》을 공부하는 것은 "큰 허물을 없앨 수 있는可以無大過" 가장 확실한 방법이다. 정약용이 유배지에서 몰두해 처음 완성한 것이 《주역사전》이었다는 것을 보면 그도 아마 큰 허물을 없애려고 했을지도 모른다. 정약용은

《주역》의 핵심을 회悔와 인吝으로 보았다. 즉 뉘우침[悔]과 인색함[吝]인데, 정약용은 《주역》에서 대표적인 점사占辭인 길·흉보다 회·인에 관심이 있었고 그중에서도 회를 더 주목했다.

정약용이 회와 인에 관심을 둔 것은 사암의 중형仲兄 손암 정약전으로부터 영향을 받아서다. 손암이 회를 각별하게 여겼다는 것은 매심재每心齋라는 재호齋號를 사용한 것에서 엿볼 수 있다. '매심每心'이라는 것은 회悔의 파자로, 회는 재호를 삼을 만큼 정약전에게 중요한 삶의 태도이자 지향점이었다. 정약전은 사암에게 매심재에 대한 기문記文을 부탁하면서 "매심이라는 것은 회인데, 나는 뉘우침이 많은 사람이다. 나는 늘 마음속으로 그 뉘우침을 잊지 못하는 사람이기 때문에 재실을 이렇게 이름 붙였으니, 네가 기문을 써라"라며 재호를 지은 이유를 설명한다.

정약용은 〈매심재기每心齋記〉에서 "인색하다는 것은 뉘우치지 않는 것을 두고 한 말이다吝者不悔之云也", "《주역》은 허물을 뉘우치는 책이다周易悔過之書也", "64괘 중에서 많은 것이 회와 인으로 상象을 세웠다六十四卦多以悔吝立象"라고 하면서, 《주역》의 대의大義가 회·인에 있다는 것을 내비치며 회에 대한 깊은 철학적 성찰을 정약전과 공유했다.

공자가 《주역》을 무대과無大過의 책으로 여기고, 정약용은 회과지서悔過之書로 보았다고 해서, 지금 정치인이나 고위직 공무원들이 반드시 《주역》을 공부해야 한다는 뜻은 아니다. 자공이 한 말의 핵심은 군자의 허물은 많은 사람들이 보게 되어 있으니, 허물이 생겼다면 고쳐서[更] 사람들이 우러러 보게 하라는 것이다. 어떻게 "죽는 날까지 하늘을 우러러 한 점 부끄럼 없기를" 바랄 수 있겠는가? 실수하는 인간 또는 실수할 수 있는 인간, 이것이 《주역》의 인간관이다. 그저 빠른 인정과 갱신으로 국민들이 공감할 수 있는 신뢰를 회복하는 것이 최선이다.

침묵하는 우주

천하언재 天何言哉

지금까지 살펴본 바에 따르면, 공자는 자공과 대화할 때 유독 욕欲을 많이 사용했다. 〈양화〉편 19장의 첫 구절 "여욕무언予欲無言"에서도 여지없이 욕이라는 감정을 언급했다. 그런데 여기에서 제시한 욕구[欲]는 "말을 하지 않는 것無言"이다.

공자 : 나는 아무 말도 하고 싶지 않다.

子曰予欲無言。

자공 : 선생님이 말씀을 안 하시면 우리들은 무엇을 받아서 전하오리까?

子貢曰子如不言。則小子何述焉。

공자 : 하늘이 무엇을 말하더냐?

子曰天何言哉。

사시는 오고 가고, 만물은 거기서 자라는데 하늘이 무엇을 말하더냐?

四時行焉。百物生焉。天何言哉。

무언無言의 철학을 주로 추구하는 것은 유가보다 도가 쪽이다. 도가 또는 노장 사상의 대표적인 경전 《노자》의 첫 문장에서 "말할 수 있는 도는 영원한 도가 아니다道可道 非常道"라고 말하는데, 이는 도가의 언어 부정 사상을 극명하게 보여 준다. 언어는 인간이 지닌 가장 강력한 도구다. 언어를 통해 인간은 상대방과의 소통을 극대화할 수 있다. 그런데 진리[道]는 언어로 표현할 수 없는 세계에 존재한다. 《노자》의 첫 문장은 이를 단적으로 말한 것이다.

이러한 노자의 언어 부정 또는 언어 초월적 사상은 유가에 대한 반발에서 비롯되었다. 유가는 예禮에 대한 전문가 집단이고 예는 사람의 행위에 대한 여러 규약이라고 할 수 있는데, 인간의 행위 중에서 가장 중요한 것이 바로 언어다. 그런데 인간의 어떤 행위가 언어로 표현되는 순간 그 행위는 범주화되어 개념적 제한을 받게 된다. 노자는 이러한 행위와 언어의 관계 때문에 언어를 부정한다. 특히 일반적인 도가 아닌 '상도常道'는 영원불변의 진리이기 때문에, 그것은 인간의 언어로 제한할 수 없다는 주장을 펼쳤던 것이다.

하지만 언어에 대한 비판적 의식은 도가뿐 아니라 유가에서도 발견된다. 이와 관련된 가장 중요한 문헌은 《주역》이다. 《역경》이라고도 부르지만, 엄밀히 말해 《주역》은 《역경》과 《역전易傳》의 합본이다. 《역경》은 64개의 괘사卦辭*와 386개의 효사爻辭**로 구성되어 있는 원전이고, 《역전》은 괘사와 효사에 대

---

* 64개의 괘卦에 달려 있는 말로, 해당 괘를 쉽게 풀어서 설명해 놓은 글이다. 주나라 왕인 문왕 또는 그의 아들인 주공 단이 지었다고 전해진다.
** 괘를 구성하는 각각의 효(획)爻를 설명하는 말이다. 이 또한 문왕이나 주공이 썼다고 알려져 있다.

한 해설서다. 《역전》은 〈단전彖傳〉 상·하, 〈상전象傳〉 상·하, 〈계사전繫辭傳〉 상·하, 〈문언전文言傳〉, 〈설괘전說卦傳〉, 〈서괘전序卦傳〉, 〈잡괘전雜卦傳〉 등 열 개의 전傳으로 되어 있어 열 개의 날개라는 의미인 '공자의 십익十翼'이라고도 불렸다. 십익을 통해서 《주역》을 온전히 이해하고자 연구하는 것이 유학자들의 전통이었고, 그들은 이 중에서도 가장 철학적인 내용을 담고 있는 것이 〈계사전〉이라고 보았다. 〈계사상전繫辭上傳〉 12장에서는 언어와 관련하여 다음과 같이 말한다.

글로는 말을 다하지 못하고 말로는 뜻을 다하지 못한다.

書不盡言. 言不盡意.

《주역》

언어는 인간의 생각을 표현하고 전달하는 가장 중요한 수단이다. 그러나 언어를 통해 생각을 정확하게 담는다는 것은 쉬운 일이 아니다. 생각의 절반만 전달되어도 성공이라고 할 수 있다. 감정에 대해서는 더욱 그러하다. 희로애락 등의 정서를 언어만으로 온전히 전달할 수는 없을 것이다. 다양한 감정들을 언어로는 다 표현할 수가 없어서, 인간은 미술·음악·무용 같은 여러 다른 수단을 동원해서 표현한다. 그렇게 예술[樂]은 문명과 함께 발전해 온 것이다.

언어의 한계는 감정에서만 나타나는 것이 아니다. 진리[道]에 대해서도 이는 마찬가지다. 진리를 언어로 다 표현할 수 있다고 생각하는 것은 큰 착각이다. 춘추전국 시대에 저마다 정의를 내세웠지만, 유가가 말하는 정의와 도가가 말하는 정의가 달랐다는 것이 언어로 표현된 진리의 한계를 반증한다.

《주역》의 진리 역시 처음부터 언어로 표현된 것은 아니다. 처음에는 음陰(--)과 양陽(—)이라는 두 가지의 부호 또는 기호로 표현되었다. 이 두 가지 표현 양식이 3획 또는 6획으로 확장된 것이 《주역》이다. 그리고 음양으로 형성된 총 8가지 기본 괘로 세계의 진리를 담아 냈는데, 그 가운데 4괘가 건乾·곤坤·감坎·리離로 태극기의 문양으로 사용되기도 하였다.

《주역》이 언어화된 것, 더 정확히 말해 문자화된 것은 64괘마다 '달린' 괘사에서 비롯되었다. 첫 번째 건괘(☰)의 괘사인 "원형이정元亨利貞"부터 마지막 미제未濟괘(☲)의 괘사까지 총 64괘의 괘사가 있다. 또한 각 괘마다 여섯 개의 효사가 달려 있다. 건괘 제일 밑에 있는 초효初爻의 효사 "잠용물용潛龍勿用"으로 시작해 제일 위에 있는 상효上爻의 효사 "항룡유회亢龍有悔"까지 《주역》에는 총 386개의 효사[건괘에 '용구用九'와 곤괘에 '용육用六'이라는 효사가 하나씩 더 달려 총 386개다]가 있다.

괘사 64개와 효사 386개를 합친 450개의 점사 또는 계사繫辭에 대한 총괄적인 해설이 바로 〈계사전〉이다. 이 〈계사전〉 덕분에 《주역》은 점서占書를 넘어 철학서라 불릴 수 있었다. 부호나 기호를 해설하려다 보니 부득이하게 문자의 형식을 빌릴 수밖에 없었지만, 근본적인 입장은 《노자》와 동일하게 언어를 부정한다. 그것을 단적으로 보여 주는 문장이 《주역》〈계사상전〉 12장의 "서부진언 언부진의書不盡言 言不盡意"인 것이다.

3획으로 구성된 8괘로 이루어져 있던 본래의 《주역》은 이후 문명이 발전하면서 64괘와 386개의 효로 구체화되었고, 급기야 언어[言]와 문자[書]로 재현되기까지 했다. 위진魏晉 시대의 왕필王弼, 226~249은 이미 《주역》이 언어와 문자로 풀이됐으므로 상象과 수數에 더 이상 얽매일 필요가 없다고 하였으나, 정약용은 그 주장에 반대한다. 언어와 문자로 형상화한 것은 《주역》의 원래 뜻本義를 오해하게 만든다고 생각해 다시 상수象數에 대한 체계적인 해석을 시도한 결실이 바로 《주역사전》이다.

정약용이 다시 상과 수에 관심을 기울인 것, 그리고 공자가 자공에게 "더 이상 말을 하고 싶지 않다予欲無言"라고 말한 것은 세계의 진리가 말로 온전히 표현할 수 없는 영역에 자리한다는 생각에 기인한다. 진리는 말보다는 상과 수, 더 나아가서는 구체적인 '행동[行]과 사실[事]'을 통해 드러난다. 《맹자》에서도 다음과 같이 말한다.

하늘은 말로 하지 않고 행동과 사실로 보여 줄 따름이다.
天不言。以行與事。示之而已矣。
《맹자》

공자는 "하늘이 무엇을 말하더냐? 사시는 오고 가고, 만물은 거기서 자라는데 하늘이 무엇을 말하더냐?"라고 했다. 진리를 설명하는 데 있어 사계절의 순환과 만물의 생성 및 변화를 수사적으로 표현해 언어의 부정성을 천명하는 것에 그친 것이다. 맹자는 진일보하여 "행여사行與事", 즉 하늘은 행동[行]과 사실[事]로 진리를 보여 준다[示]고 설명했다.

정약용의 철학은 '행사行事의 철학'으로 규정된다. 하늘이 말보다는 행동과 사실로 보여 주므로, 인간에 대해서도 하늘을 따라야 한다. 물론 정약용이 언어 자체를 부정해서 진리에 관해 아무것도 말하거나 쓰지 않았다는 것이 아니다. 공자도 자공과 대화 이후 아무 말도 하지 않은 것이 아니다. 단지 말보다 행동[行]으로 보여 주는 지식인, 말이 아닌 사실[事]로 증명하는 책임감 있는 지식인이 되고자 한 것이다. 공자도 자신이 깨달은 세계의 진리에 대해 말하기를 거부했고, 맹자의 해석에 따르면 말이 아닌 '행동과 사실'로 전달하고자 하였다.

공감의 인문학
하학이상달 下學而上達

〈학이〉편 1장의 세 번째 문장에서 공자는 다음과 같이 말했다.

남들이 몰라주더라도 부루퉁하지 않는다면 참된 인간이 아닐까!
人不知而不慍。不亦君子乎。

이 문장은 일반적인 해석에 따르면, 군자라면 남들이 인정해 주지 않더라도 군자로서 절개를 지켜야 한다는 의미다. 이와 달리 정약용은 "인부지人不知"를 "남이 나의 학學이 이루어졌음을 알지 못하는 것人不知我之學成"이라고 했다. 이 문장을 《논어》 〈학이〉편 1장의 첫 번째 문장 "학이시습지學而時習之"와 연결시켜 학문[學]을 중심으로 해석한 것이다. 보통 사람이라면 시간이 지나 '때때로 배우고 익힌' 자신의 학문적 성취를 인정받기를 원할 것이다. 그러나 불행히도 대부분은 인정받지 못한다. 언제나 제대로 인정받는 사람들은 극소수에 불과하다.

공자 : 나를 알아주는 사람은 없나 보다!

子曰莫我知也夫。

자공 : 왜 선생님을 몰라준다고 하십니까?

子貢曰何爲其莫知子也。

공자 : 하늘을 원망하지 않고 남을 허물하지 않고, 차근차근 배워서 위로위로 올라가니

子曰不怨天。不尤人。下學而上達。

나를 아는 자는 저 하늘인가!

知我者。其天乎。

〈헌문〉 37장

《논어》〈헌문〉편 37장을 보면, 공자 역시 당대의 인정을 받지 못한 듯싶다. 물론 공자가 인정받고자 했던 학문[學]이란 단순히 학술적 업적이 아니라 실제로 현실 정치에 응용되는 정책이다. 그러나 일반적 의미의 학문 측면에서도 춘추 시대의 공자는 실패한 사람이다. 물론 생전에 많은 제자들을 거느렸고 사후에 맹자와 순자라는 걸출한 제자들을 배출했으며, 한漢나라 때부터 중국 사상가 가운데 가장 위대한 인물로 추앙되어 마침내 성인聖人의 대열에 올랐다. 그럼에도 공자는 살아 있는 동안 성공을 누리지 못했다. 범인이라면 이런 상황에 처했을 때 원망하거나 포기할 텐데, 공자는 다른 방식으로 이 문제를 해결했다. 그것은 바로 저술이다.

한나라 무제 때 동중서董仲舒에 의해 유학이 국학으로 인정받았고, 오경

박사五經博士 제도가 마련되었다. 《시경》, 《서경》, 《역경》, 《춘추》, 《예기》에 대한 전문가들이 배출된 것이다. 이 다섯 경전은 공자가 편찬했지만, 그의 순수창작물은 아니다. 〈술이〉편 1장에서 공자는 이와 같이 말했다.

옮기기만 했지 창작하지는 않았고, 옛것을 그대로 믿고 좋아함은 은근히 우리 노팽 님에게나 비교해 볼까 한다.

述而不作。信而好古。竊比於我老彭。

"술이부작述而不作"에 대해서 정약용은 술述이란 "그대로 따라 하여 전하는 것이다循而傳"라 풀이하였다. 이를 전술傳述이라고 하는데, 오경은 이러한 전술의 원칙에 따라 편찬되었다. 물론 편집자의 의도가 배제된 것은 아니다. 《춘추》와 관련해서는 춘추대의 또는 춘추필법春秋筆法이라 하여 공자의 편집 의도를 나타내기도 했다.

그리고 이어 작作에 대해서는 "처음으로 스스로 만드는 것이다創自進"라고 했다. 말 그대로 창작이다. 《역경》의 해설서 《역전》은 대표적인 공자의 창작물이다. 공자가 한나라 때 성인의 대열에 오르면서 《역전》도 성경聖經의 위치에 오른다. 물론 지금은 《역전》을 공자의 저작으로 보지 않는다. 그러나 공자의 사상을 담았다는 사실 자체는 부정할 수 없다.

이와 같이 사후 성인에 오른 공자지만 당대에 정치적으로는 실패했다. 노나라에서 대사구大司寇의 직까지 역임했으나 끝내 재상은 될 수 없었다. 결국 춘추 시대 제후들에게 등용되지 못한 것이다. 춘추 시대 말기 부국강병을 추구하던 제후들에게 공자의 사상은 지나치게 이상적이었다.

정약용은 정조가 살아 있는 동안 공적으로 충분히 제 몫을 할 수 있었지만, 1800년 정조 사후 유배 18년 동안 공적인 영역에서 아무것도 할 수 없었다. 해배解配의 기회도 여러 번 놓쳤다. 그저 살아 있는 것이 다행일 정도였다. 정약용은 더 이상 학문적이나 정치적으로 자신을 인정해 줄 사람을 찾기 어려웠다. 정조에게 많은 사랑을 받았던만큼 정약용은 그의 죽음에 큰 상처를 입었고, 유배 말기에는 형 정약전의 죽음에 다시 한번 절망감을 맛보았다. 그러나 정약용은 포기하지 않았다. 유배지에서 깊은 상실감에 모든 것을 포기하려던 정약용에게 새로운 목표를 설정하도록 도와준 것도 역시 정약전이었다. 흑산도로 유배 간 정약전은 정약용에게 학문이라는 돌파구를 마련해 주었고, 비록 다시 만날 기약은 없었지만 서신을 통해 학술적 동반자의 역할을 했다. 그렇게 정약용은 유배지에서 사서오경에 대한 해설서를 비롯해 일표이서一表二書와 여러 학술서들을 쏟아냈다.

유배지에서 저술한 500권이 넘는 저서 중에서 《주역사전》을 제일 먼저 완성했다. 어떤 면에서는 다른 책들을 다 쓰고 나서 가장 마지막에 완성해야 할 법한 책이 《주역사전》이다. 하지만 정약용은 이 책을 제일 먼저 쓰기 시작했다. 《주역》에 대한 공부를 마치지 않고서는 다른 책을 해석할 수 없다는 생각에서 그랬을 것이다.

그렇게 1804년부터 1808년까지 4년 동안 《주역》을 연구하면서 정약용은 세상에게 버림받았다는 아픔에서 벗어날 수 있었다. 더 이상 사람에게 인정받는 것에 얽매이지 않게 되었다. 정조가 죽었고 이전에 함께 공부했던 선비들도 모두 사라져 버렸지만, 이제 새로운 사람들과 새로운 꿈을 꾸었다. 유배지에 모여든 제자들은 정약용과 새로운 세상을 꿈꾸며 함께 《여유당전서》를 완성해 나갔다.

대부분 《논어》 해설서들은 〈학이〉편 1장의 "인부지이불온 불역군자호人
不知而不慍 不亦君子乎"에 대해 인정 욕구와 연관 지어 해석한다. 공자가 생전에 인
정받지 못했던 역사적 사실을 투영한 것이다. 그런데 우리가 살아가는 시대
에 비춰 보면 이 문장을 새로이 읽을 수 있다.

보통 "인부지人不知"를 '사람들이 나의 능력을 인정하지 않거나 나의 가치
를 알지 못한다'라고 해석하는데, 지知를 '이해'로 번역하면 '공감'이라는 의
미로 확장시킬 수 있다. 즉 "인부지"를 '사람들이 나를 이해하지 못하더라
도' 또는 '사람들이 나에게 공감해 주지 못하더라도'라고 해석할 수 있다
는 말이다.

사실 이 문장에 대해 정약용이 이렇게 해석한 것은 아니다. 그러나 우리
시대에 맞게 읽어야 고전의 의미가 살아난다. 공자의 원래 의미와 정약용의
해석을 염두에 두고, 여기에 더해 우리의 문제에 비추어 《논어》라는 고전을
읽고 현대의 언어로 해석할 필요가 있다. 정약용도 《논어》를 공감[恕]에 대
한 해설서라고 주장했다. 이러한 정약용의 주장을 확장하면, 우리 시대에
가장 절실한 '공감'을 주제로 《논어》의 새로 읽기를 할 수 있다.

"부루퉁하지 않는다면不慍"이라는 우리말 표현은 친근하게 느껴진다. '불
온'이라는 것은 보통 '성내지 않는다'라고 번역하는데, 정약용은 "마음에 답
답하게 맺힌 바가 있는 것이다心有所蘊結也"라고 해석했다. 이는 우리 시대의
화두인 혐오와 관련지어 이해할 수 있다. 지금 시대는 자기가 이해할 수 없
으면 그냥 혐오의 대상으로 치부하는 것이 당연하게 되었다. 혐오를 당연

하지 않게 여기는 사람이 《논어》에서 말하는 군자다. 이는 고리타분한 인간상이 아니라 현대를 살아가는 우리에게도 요구되는 참된 인간의 모습이다. 공감을 통해 참된 인간성을 회복하는 것은 인간 본연의 의무라고 할 수 있다.

혐오라는 풍랑에 휩쓸려 가듯 살아가는 우리에게 정약용의 《논어》는 '공감'에 대해 연구하고[學] 실천함으로[習] 이를 극복할 수 있다고 알려 주며 우리를 북돋아 준다. '인문학人文學'은 문자 그대로 해석하면 사람의 무늬를 연구하는 것이다. 사람이 본래 어떤 무늬를 가졌는지 탐구하는 것이 오늘날 왜 중요한 목표가 되었는지를 생각하며, 다시금 인문학으로 돌아가야 한다.

부록 1

《논어》와 자공

《논어》는 대략 500개의 장章으로 이루어져 있는데, 이 중 자공은 38개의 장에 등장한다. 자로(41회) 다음으로 많은 횟수다. 덕분에 이 책에서도 자공은 3부의 주인공이 되었다. 그런고로 이 부록에서는 본서에 다루지 않았던 장까지 포함해 그가 등장하는 모든 장을 자공과 공자의 대화, 자공이 간접적으로 언급된 부분들, 자공의 어록으로 정리했다. 번역문과 형식은 이을호 선생의 《한글 논어》를 그대로 사용했고, 장 번호는 주자의 《논어집주》를 따랐다.

자공과 공자의 대화 (25장)

1. 〈학이〉편 15장

자공 "가난 속에서도 아첨하지 않고 부유하더라도 교만하지 않으면 어떻습니까?"

선생 "좋지. 그러나 가난 속에서 즐거워하며, 부자가 되어 예법을 좋아하는 것만은 못하지."

자공 "옛 시에 '끊거니 다듬거니 쪼거니 갈거니' 하였는데 이를 두고 이른 말인가요?"

선생 "사야. 인제 너하고 시를 이야기하게 되었구나. 한마디를 일러 준즉 다음 것까지 아는구나."

子貢曰貧而無諂。富而無驕。何如。子曰可也。未若貧而樂。富而好禮者也。子貢曰詩云如切如磋。如琢如磨。其斯之謂與。子曰賜也。始可與言詩已矣。告諸往而知來者。

2. 〈위정〉편 13장

자공이 쓸모있는 인간에 대하여 물은즉,

선생 "행동이 앞서야 하며, 말이 그 뒤를 따라야 하니라."

子貢問君子。子曰先行其言。而後從之。

3. 〈팔일〉편 17장

자공이 초하룻날의 염소 희생을 그만두려고 한즉,

선생 "사야, 너는 염소가 아까우냐? 나는 보다 더 예법을 아낀다."

子貢欲去告朔之餼羊。子曰賜也。爾愛其羊。我愛其禮。

4. 〈공야장〉편 3장

자공이 묻기를 "저는 어떻습니까?"

선생 "너는 그릇이다."

"어떤 그릇일까요?"

"호련 같은 보물이지."

子貢問曰賜也何如。子曰女器也。曰何器也。曰瑚璉也。

5. 〈공야장〉편 8장

선생이 자공더러 "너와 회와 누가 더 나을까?

대답하기를 "제가 어찌 회를 당하리까! 회는 하나를 들으면 열을 압니다. 저는 하나를 들으면 둘을 알구요."

선생 "그만 못하지. 나나 너나 그만 못하지!"

子謂子貢曰女與回也孰愈。對曰賜也何敢望回。回也聞一以知十。賜也聞一以知二。子曰弗如也。吾與女弗如也。

6. 〈공야장〉편 11장

자공 "나는 남에게서 당하기 싫은 일은 나도 남에게 하고 싶지 않습니다."

선생 "사야. 너도 하기 어려운 일이야!"

子貢曰我不欲人之加諸我也。吾亦欲無加諸人。子曰賜也。非爾所及也。

7. 〈공야장〉편 14장

자공이 묻기를 "공문자에게 왜 '문'의 시호를 붙였습니까?"

선생 "민첩하면서 학문을 좋아하며, 손아래 사람에게도 곧잘 묻기에 '문'이라 한 게지."

子貢問曰孔文子。何以謂之文也。子曰敏而好學。不恥下問。是以謂之文也。

8. 〈옹야〉편 28장

자공 "백성들에게 널리 은혜를 베풀어 그들을 구제할 수만 있다면 어떻습니까? 사람 구실을 한다고 할 수 있을까요?"

선생 "어찌 사람 구실만 한다고 할까! 그야 성인(聖人)이지! 요순 같은 분들도 그 일로 애를 태웠다. 대체로 사람 구실 하는 사람은 자기가 서고 싶으면 남을 세우고, 제 앞을 트고 싶으면 남의 앞길을 터 준다. 제 앞장부터 잘 처리할 수 있는 그것이 사람 구실 하는 방법이라고 할 수 있을 게다."

子貢曰如有博施於民。而能濟衆。何如。可謂仁乎。子曰何事於仁。必也聖乎。堯舜其猶病諸。夫仁者。己欲立而立人。己欲達而達人。能近取譬。可謂仁之方也已。

9. 〈술이〉편 14장

염유 "선생님이 위나라 주군을 위하여 일해 주실까?"

자공 "글쎄, 내가 가서 여쭈어보지."

안으로 들어가서 "백이 숙제는 어떤 사람인가요?"

선생 "옛날 잘난 사람이지."

"불평객이었나요?"

"사람 구실을 하려다가 사람 값을 하게 되었는데 불평은 무슨 불평!"

나와서 말하기를 "선생님은 안 하실 거야."

冉有曰夫子爲衛君乎。子貢曰諾。吾將問之。入曰伯夷叔齊。何人也。曰古之賢人也。曰怨乎。曰求仁而得仁。又何怨。出曰夫子不爲也。

10. 〈자한〉편 6장

태재 벼슬아치가 자공더러 묻기를 "선생은 성인인가! 어쩌면 그렇게도 잔재주가 많으신지."

자공 "본시 하늘이 내신 성인인 데다가 또 재주까지 많으시지."

선생이 이 말을 듣고 "태재가 나를 알까? 나는 어려서 미천했기 때문에 이 일 저 일 많이 했지. 참된 인간도 잔재주가 많을까? 많지 않을 거다."

大宰問於子貢曰夫子聖者與。何其多能也。子貢曰固天縱之將聖。又多能也。子聞之曰大宰知我乎。吾少也賤。故多能鄙事。君子多乎哉。不多也。

11. 〈자한〉편 12장

자공 "아름다운 구슬이 여기 있다면 궤 속에 감추어 둘까요? 좋은 장사치를 찾아서 팔까요?"

선생 "팔고말고! 팔고말고! 나는 장사치를 기다리고 있는 사람이다."

子貢曰有美玉於斯。韞櫝而藏諸。求善賈而沽諸。子曰沽之哉沽之哉。我待賈者也。

12. 〈선진〉편 15장

자공이 묻기를 "자장과 자하는 누가 더 잘났을까요?"

선생 "자장은 지나치고, 자하는 미지근하다."

"그러면 자장이 더 나은가요?"

"지나친 것도 미지근한 것과 같다."

子貢問師與商也孰賢。子曰師也過。商也不及。曰然則師愈與。子曰過猶不及。

13. 〈안연〉편 7장

자공이 정치에 대하여 물은즉,

선생 "식량이 넉넉하고, 군비가 충실하고, 백성들이 믿게 되어야 한다."

자공 "할 수 없을 경우에 이 셋 중에서 어느 것을 버릴까요?"

"군비를 버리지."

자공 "할 수 없을 경우라면 이 둘 중에서 어느 것을 버릴까요?"

"식량을 버리지. 옛날부터 사람이란 죽게 되어 있는 것이지만 백성들은 믿음 없이는 지탱 못 한다."

子貢問政。子曰足食足兵。民信之矣。子貢曰必不得已而去。於斯三者。何先。曰去兵。子貢曰必不得已而去。於斯二者。何先。曰去食。自古皆有死。民不信不立。

14. 〈안연〉편 23장

자공이 벗에 대하여 물은즉,

선생 "진심으로 타일러서 잘 인도하도록 하되 듣지 않거든 그만두어라. 모욕을 당하게 되도록까지 할 것은 없느니라."

子貢問友。子曰忠告而善道之。不可則止。毋自辱焉。

15. 〈자로〉편 20장

자공이 묻기를 "어떻게 하면 선비라고 할 수 있습니까?"

선생 "제 몸을 가누는 데 염치를 알고, 외국으로 사신 가서 제 책임을 다할 수 있다면 가히 선비에 들 수 있지."

"그다음은 어떤가요?"

"집안 사람들은 효성스럽다 하고, 마을 사람들은 공손하다 하면 되지."

"그다음은 어떤가요?"

"말에 빈틈이 없고, 행동에 끝장을 보고야 마는 것은 딱딱한 것이라 하찮은 인물이지. 허지만 그다음에나 간다고 해두자."

"요즈음 행정가들은 어떻습니까?"

선생 "흥, 조불조불한 사람들을 어찌 다 셀까!"

子貢問曰何如。斯可謂之士矣。子曰行己有恥。使於四方。不辱君命。可謂士矣。曰敢問其次。曰宗族稱孝焉。鄕黨稱弟焉。曰敢問其次。曰言必信。行必果。硜硜然小人哉。抑亦可以爲次矣。曰今之從政者何如。子曰噫。斗筲之人。何足算也。

16. 〈자로〉편 24장

자공이 묻기를 "마을 사람이 다 좋아하면 어떻습니까?"

선생 "그것만으로는 안 되지."

"마을 사람이 다 싫어하면 어떻습니까?"

선생 "그것만으로는 안 되지. 마을 사람 중에서 착한 사람이 좋아하고, 마을 사람 중에서도 못된 자들이 싫어하는 것만 못하지."

子貢問曰鄕人皆好之。何如。子曰未可也。鄕人皆惡之。何如。子曰未可也。不如鄕人之善者好之。其不善者惡之。

17. 〈헌문〉편 18장

자공 "관중은 사람 구실을 못 한 이가 아닐까요? 환공이 공자규를 죽였을 때 따라 죽지도 못하고 게다가 그를 돕기까지 하였습니다."

선생 "관중은 환공을 도와 제후의 두목이 되게 하여 천하를 한 번 바로 잡았으나, 백성들은 지금까지도 그의 은혜를 입고 있다. 관중이 아니었다면 나도 머리를 기르고 왼쪽으로 여미는 되놈이 되었을 것이다. 어찌 자잘한 무리들이 꺼드럭거리다가 물구덩에 빠져 죽는 줄도 모르는 따위 같을 것이냐!"

子貢曰管仲非仁者與。桓公殺公子糾。不能死。又相之。子曰管仲。相桓公霸諸侯。一匡天下。民到于今。受其賜。微管仲。吾其被髮左衽矣。豈若匹夫匹婦之爲諒也。自經於溝瀆而莫之知也。

18. 〈헌문〉편 30장

선생 "참된 인간의 길에 셋이 있는데, 나는 아무것도 못한다. 사람 구실 하는 이는 근심하지 않고, 슬기로운 이는 어리둥절하지 않고 용기있는 이는 두려워하지 않느니라."

자공 "선생님이 자기 말씀을 하시는 거야."

子曰君子道者三。我無能焉。仁者不憂。知者不惑。勇者不懼。子貢曰夫子自道也。

19. 〈헌문〉편 31장

자공이 인물평을 늘어논즉,

선생 "사는 잘났나 보지. 내게는 그럴 틈이 없는데……."

子貢方人。子曰賜也。賢乎哉。夫我則不暇。

20. 〈헌문〉편 37장

선생 "나를 알아주는 사람은 없나 보다!"

자공 "왜 선생님을 몰라준다고 하십니까?"

선생 "하늘을 원망하지 않고 남을 허물하지 않고, 차근차근 배워서 위로위로 올라가니, 나를 아는 자는 저 하늘인가!"

子曰莫我知也夫。子貢曰何爲其莫知子也。子曰不怨天。不尤人。下學而上達。知我者。其天乎。

21. 〈위령공〉편 2장

선생 "사야! 너는 내가 많이 배운 지식인인 줄 아느냐?"

대답하기를 "네, 그렇지 않은가요?"

"그렇지 않다. 내 지식은 하나로 꿰뚫었다."

子曰賜也。女以予。爲多學而識之者與。對曰然。非與。曰非也。予一以貫之。

22. 〈위령공〉편 9장

자공이 사람 구실 하는 방법에 대하여 물은즉,

선생 "공장이가 제 구실을 잘하자면 먼저 연장을 잘 단속해야 한다. 그 나라에 있을 때는 그 나라 대부 중에 잘난 이를 섬기고, 그 나라 벼슬아치 중에 사람다운 사람과 사귀어야 한다."

子貢問爲仁。子曰工欲善其事。必先利其器。居是邦也。事其大夫之賢者。友其士之仁者。

23. 〈위령공〉편 23장

자공이 묻기를 "한마디로 평생을 지켜 나갈 수 있는 말이 있을까요?"

선생 "그것은 미루어 생각하는 것일 거야! 내가 당하기 싫은 일은 남에게도 하지 말아야 한다."

子貢問曰有一言而可以終身行之者乎。子曰其恕乎。己所不欲。勿施於人。

24. 〈양화〉편 19장

선생 "나는 아무 말도 하고 싶지 않다."

자공 "선생님이 말씀을 안 하시면 우리들은 무엇을 받아서 전하오리까?"

선생 "하늘이 무엇을 말하더냐? 사시는 오고 가고, 만물은 거기서 자라는데 하늘이 무엇을 말하더냐?"

子曰予欲無言。子貢曰子如不言。則小子何述焉。子曰天何言哉。四時行焉。百物生焉。天何言哉。

25. 〈양화〉편 24장

자공 "참된 인간도 미워하는 것이 있습니까?"

선생 "미워하는 일이 있지. 남의 허물을 도리어 칭찬하는 자를 미워하고, 밑바닥에 깔린 사람이 윗사람을 헐어 말하는 자를 미워하고, 용감할 뿐 예법을 모르는 자를 미워하고, 앞뒤를 가리지 않으면서 숨 막히는 짓을 하는 자를 미워한다."

"사야, 너도 미워하는 것이 있느냐?"

"남의 말을 받아서 제 것인 체하는 자를 미워하고, 함부로 하는 것을 용기인 양 여기는 자를 미워하고, 남의 잘못을 들추되 곧은 일을 하는 양하는 자를 미워합니다."

子貢曰君子亦有惡乎。子曰有惡。惡稱人之惡者。惡居下流而訕上者。惡勇而無禮者。惡果敢而窒者。曰賜也。亦有惡乎。惡徼以爲知者。惡不孫以爲勇者。惡訐以爲直者。

자공이 간접적으로 언급된 부분들 (4장)

1. 〈옹야〉편 6장

계강자가 묻기를 "중유에게는 정사를 맡겨도 좋을까요?"

선생 "유는 배짱이 있으니 정사를 맡겨도 문제가 없습니다."

"사에게 정사를 맡겨도 좋을까요?"

"사는 사리에 통달하니 정사를 맡겨도 문제가 없습니다."

"구에게 정사를 맡겨도 좋을까요?"

"구는 재주가 뛰어나니 정사를 맡겨도 문제가 없습니다."

季康子問仲由可使從政也與。子曰由也果。於從政乎何有。曰賜也可使從政與。曰賜也達。於從政乎何有。曰求也可使從政也與。曰求也藝。於從政乎何有。有

2. 〈선진〉편 2장

선생 "나를 따라서, 진·채 지방까지 왔던 애들이 모두 아직 돌아오지 않았다. 인격이 뛰어나기는 안연, 민자건, 염백우, 중궁이요. 말재주에는 재아, 자공이요. 정치가로는 염유, 계로요, 문학에는 자유, 자하다."

子曰從我於陳蔡者。皆不及門也。德行。顏淵、閔子騫、冉伯牛、仲弓。言語。宰我、子貢。政事。冉有、季路。文學。子游、子夏。

3. 〈선진〉편 12장

민 선생은 곁에서 조리 있는 태도요, 자로는 꿋꿋하였고, 염유, 자공은 부들부들하였다.

선생도 즐거운 양 "유 같을진대 어떻게 죽게 될지 모를 거야!"

閔子侍側。誾誾如也。子路行行如也。冉有子貢。侃侃如也。子樂。若由也。不得其死然。

4. 〈선진〉편 18장

선생 "안회는 그럴 듯하지. 항상 가난하지만…. 자공은 천명을 받지 않고도 재물을 모았고 억지라도 잘 맞았다."

子曰回也。其庶乎。屢空。賜不受命。而貨殖焉。億則屢中。

자공의 어록 (9장)

1. 〈학이〉편 10장

자금이 자공더러 묻기를 "우리 선생님은 어느 나라를 가시든지 기어코 정치에 참여하시니, 그처럼 바라시기 때문인가? 그렇잖으면 그들이 부탁하기 때문인가?"

자공 "우리 선생님은 부드럽고 착하고 공손하고 검박하시므로 사양하시되 절로 그렇게 되는 거야! 우리 선생님의 방법은 남들이 하는 것과는 아주 다르단 말이야!"

子禽問於子貢曰夫子至於是邦也。必聞其政。求之與。抑與之與。子貢曰夫子溫良恭儉讓以得之。夫子之求之也。其諸異乎人之求之與。

2. 〈공야장〉편 12장

자공 "선생님께서 옛 글을 강론하시는 것은 언제나 들을 수 있지만, 인성이니 천도니 하는 따위는 좀처럼 들을 수가 없다."

子貢曰夫子之文章。可得而聞也。夫子之言性與天道。不可得而聞也。

3. 〈안연〉편 8장

극자성이 말하기를 "참된 인간은 바탕만이면 그만이지 문채는 무엇 한담!"

자공 "아차차! 선생의 인물론이야말로 네 필 말마차도 혀는 따르지 못하는 것을! 문채가 바탕이요 바탕이 문채라. 범의 가죽 바탕은 개나 염소의 가죽 바탕과 같은 것인데…"

棘子成曰君子。質而已矣。何以文爲。子貢曰惜乎。夫子之說。君子也。駟不及舌。文猶質也。質猶文也。虎豹之鞹。猶犬羊之鞹。

4. 〈자장〉편 20장

자공 "주의 잘못도 이렇듯 심하지는 않았다. 그러므로 참된 인물은 밑으로 내려가기를 싫어하는 것이니, 천하의 악이란 악은 다 그리로 밀려들기 때문이다."

子貢曰紂之不善。不如是之甚也。是以君子惡居下流。天下之惡皆歸焉。

5. 〈자장〉편 21장

자공 "참된 인간의 허물은 일식이나 월식 같다. 잘못을 하게 되면 사람들이 다 볼 수 있고, 고치게 되면 사람들이 다 우러러보게 된다."

子貢曰君子之過也。如日月之食焉。過也人皆見之。更也人皆仰之。

6. 〈자장〉편 22장

위나라 공손조가 자공더러 묻기를 "중니님은 어디서 배웠는가?"

자공 "문·무 두 왕의 교훈이 아직도 땅에 떨어지지 않고 사람들에게 남아 있습니다. 잘난 사람들은 그의 위대한 점을 기억하고 있으며, 보통 분들은 그의 자잘한 점을 기억하고 있으니, 모두가 문·무 두 왕의 교훈 아닌 것은 없습니다. 선생님은 어찌하여 배우지 않았을까마는, 어찌 한 사람만의 스승에게서 배웠겠는가!"

衛公孫朝問於子貢曰仲尼焉學。子貢曰文武之道。未隆於地在人。賢者識其大者。不賢者識其小者。莫不有文武之道焉。夫子焉不學。而亦何常師之有。

7. 〈자장〉편 23장

숙손무숙이 조정에서 대부들과 이야기하기를 "자공은 중니보다 잘났다."

자복경백이 그대로 자공에게 알린즉,

자공 "그것을 담장에다 비기면 내 담장은 어깨 남짓하여 집안의 좋은 점이 넘겨다보이지만, 선생님의 담장은 여러 길이 되는 까닭에 문을 찾아 들어가지 않으면 종묘의 아름다운 모습이며 많은 벼슬아치들이 우글우글한 모습을 볼 수가 없습니다. 문을 발견하는 사람도 얼마 되지 않으니, 그분이 말하는 것도 무리는 아닙니다."

叔孫武叔語大夫於朝曰子貢賢於仲尼。子服景伯以告子貢。子貢曰譬之宮牆。賜之牆也及肩。窺見室家之好。夫子之牆數仞。不得其門而入。不見宗廟之美百官之富。得其門者或寡矣。夫子之云。不亦宜乎。

8. 〈자장〉편 24장

숙손무숙이 중니님의 흠을 뜯으니,

사공 "그렇게 여겨서는 안 됩니다. 중니님의 흠을 뜯어서는 안 됩니다. 다른 사람의 잘난 것은 언덕이라 넘어다닐 수가 있지만, 중니님은 해와 달이라 넘어다닐 수가 없습니다. 사람들이 혼자서 관계를 끊으려고 하지만 그것이 해와 달에 무슨 흠이 되겠는가! 자기 역량을 모르고 하는 것임이 훤히 내다보입니다!"

叔孫武叔毀仲尼。子貢曰無以爲也。仲尼不可毀也。他人之賢者。丘陵也。猶可踰也。仲尼日月也。無得而踰焉。人雖欲自絶。其何傷於日月乎。多見其不知量也。

9. 〈자장〉편 25장

진자금이 자공더러 말하기를 "그대는 겸손한 까닭이야! 중니님이 왜 그대보다 잘났단 말인가?"

자공 "참된 인간은 말 한 마디로 아는 사람도 되고, 말 한 마디로 먹보 같은 인간도 되기 때문에 말이란 삼가야 하는 거야. 우리 선생님을 따르지 못하는 것은 마치 하늘은 사닥다리로 오르지 못하는 것과 같은 것이다. 선생님이 나라를 다스리게 된다면 '세울 자리에 세워 주고, 갈 곳으로 인도해 주고, 품에 안아 주므로 모여오게 되고, 서로 격려하여 화목하도록 할 것이다. 그가 살아서는 영화를 누리고, 죽으면 애달파할 것이니' 어떻게 그의 본을 딸 수 있을 것인가."

陳子禽謂子貢曰子爲恭也。仲尼豈賢於子乎。子貢曰君子一言以爲知。一言以爲不知。言不可不愼也。夫子之不可及也。猶天之不可階而升也。夫子之得邦家者。所謂立之斯立。道之斯行。綏之斯來。動之斯和。其生也榮。其死也哀。如之何其可及也。

부록 2

본문 인용 목록

이 책에 등장하는 《논어》 인용문을 각 장 별로 정리했다. 부록 2의 번역문과 형식,
장 번호는 부록 1과 동일하게 처리했다.

1부 공자, 공감을 말하다

1장 공감의 공부/학이시습지
〈학이〉편 1장
선생 "배우는 족족 내 것을 만들면 기쁘지 않을까! 벗들이 먼 데서 찾아와 주면 반갑지 않을까! 남들이 몰라주더라도 부루퉁하지 않는다면 참된 인간이 아닐까!"

2장 호모 엠파티쿠스(1)/기소불욕 물시어인
〈위령공〉편 23장
자공이 묻기를 "한 마디로 평생을 지켜 나갈 수 있는 말이 있을까요?"
　선생 "그것은 미루어 생각하는 것일 거야! 내가 당하기 싫은 일은 남에게도 하지 말아야 한다."

3장 군자의 그릇/군자불기
〈위정〉편 12장
선생 "쓸모 있는 인간은 외통수는 아니다."

4장 윤리와 경제/아애기예
〈팔일〉편 17장
자공이 초하룻날의 염소 희생을 그만두려고 한즉,
　선생 "사(賜)야, 너는 염소가 아까우냐? 나는 보다 더 예법을 아낀다."

5장 욕망의 윤리학(1)/기욕립이립인

〈옹야〉편 28장

자공 "백성들에게 널리 은혜를 베풀어 그들을 구제할 수만 있다면 어떻습니까? 사람 구실을 한다고 할 수 있을까요?"

선생 "어찌 사람 구실만 한다고 할까! 그야 성인이지! 요순 같은 분들도 그 일로 애를 태웠다. 대체로 사람 구실 하는 사람은 자기가 서고 싶으면 남을 세우고, 제 앞을 트고 싶으면 남의 앞길을 터 준다. 제 앞장부터 잘 처리할 수 있는 그것이 사람 구실 하는 방법이라고 할 수 있을 게다."

6장 욕망의 윤리학(2)/오역욕 무가저인

〈공야장〉편 11장

자공 "나는 남에게서 당하기 싫은 일은 나도 남에게 하고 싶지 않습니다."

선생 "사賜야. 너도 하기 어려운 일이야!"

7장 공감의 일관성(1)/일이관지

〈위령공〉편 2장

선생 "사賜야! 너는 내가 많이 배운 지식인인 줄 아느냐?"

대답하기를 "네, 그렇지 않은가요?"

"그렇지 않다. 내 지식은 하나로 꿰뚫었다."

8장 분노와 과실/불천노 불이과

〈옹야〉편 2장

애공이 묻기를 "학문을 좋아하는 제자는 누구입니까?"

선생은 대답하기를 "안회란 애가 있어 학문을 좋아했지요. 가난 속에서도 투덜대는 일이 없었고, 허물도 두 번 다시 짓는 일이 없더니, 불행히도 일찍 죽고 시방은 없습니다. 아직은 학문 좋아한다는 애의 이야기를 못 듣고 있습니다."

9장 매너의 승리/극기복례
〈안연〉편 1장

안연이 사람 구실에 대하여 물은즉,

선생 "사욕을 억누르고 예법대로 실천하면 사람 구실을 할 수 있으니, 하루만 사욕을 억누르고 예법을 실천하더라도 천하 사람들이 모두 사람 구실을 하게 될 것이다. 사람 노릇을 하게 되는 것은 내게서 되는 것이지 남에게서 될 법이나 할 일이냐!"

안연 "자세한 것을 일러 주십시오."

선생 "예법대로가 아니면 보지 말고, 예법대로가 아니면 듣지 말고, 예법대로가 아니면 말하지 말고, 예법대로가 아니면 아무것도 하지 마라."

안연 "제가 비록 불민하지만 말씀대로 해 보겠습니다."

10장 호모 엠파티쿠스(2)/기소불욕 물시어인
〈안연〉편 2장

중궁이 사람 구실에 대하여 물은즉,

선생 "밖에서는 큰손님을 만나보 듯하고, 백성을 부리되 큰제사를 받들 듯하며, 내가 당하기 싫은 일은 남에게도 하지 말라. 그러면 나라에서도 원망을 안 듣고 집안에서도 원망을 안 듣게 될 것이다."

"제가 비록 불민하지만 말씀대로 해 보겠습니다."

2부 공자, 공감을 말하다

11장 공감의 일관성(2)/오도일이관지
〈이인〉편 15장

선생 "삼參아! 내 도는 하나로 꿰뚫었지."

증선생 "네! 그렇습니다."

선생이 나간 후 제자들이 묻기를 "무슨 뜻입니까?

증선생 "선생님의 도는 충심으로 미루어 생각하는 데 있을 따름이다."

12장 침묵하는 안연/회야불우
〈위정〉편 9장

선생 "내가 회回를 데리고 이야기하면 진종일 아무 대꾸도 않는 것이 마치 놈팡이도 같아 보이나, 나중에 지내는 것을 보면 뚜렷이 행하고 있다. 회는 놈팡이가 아니야!"

13장 침묵하는 중궁/옹야인이불영
〈공야장〉편 4장

어느 사람이 말하기를 "옹雍은 사람답기는 하지만 무뚝뚝합니다."

선생 "재잘거려서야 됩니까! 입술에 붙은 말로 지껄이면 미움받기 꼭 알맞지요. 사람답게 되었는지는 모르지만 어찌 재잘거려서야 됩니까!"

14장 만물의 척도/능근취비

〈옹야〉편 28장

자공 "백성들에게 널리 은혜를 베풀어 그들을 구제할 수만 있다면 어떻습니까? 사람 구실을 한다고 할 수 있을까요?"

선생 "어찌 사람 구실만 한다고 할까! 그야 성인이지! 요순 같은 분들도 그 일로 애를 태웠다. 대체로 사람 구실 하는 사람은 자기가 서고 싶으면 남을 세우고, 제 앞을 트고 싶으면 남의 앞길을 터 준다. 제 앞장부터 잘 처리할 수 있는 그것이 사람 구실 하는 방법이라고 할 수 있을 게다."

15장 공감의 정치학/선난이후획

〈옹야〉편 20장

번지가 지혜에 대하여 물은즉,

선생 "옳은 사람 노릇에 철저하며, 귀신은 공경할 뿐 이를 멀리하면 슬기롭다 하겠지."

사람 구실에 대하여 물은즉,

선생 "사람 구실 하는 사람은 어려운 일은 도맡고, 이익은 남에게 돌리니, 그러면 사람답다고 할 수 있겠지."

16장 공감의 윤리학/선사후득

〈안연〉편 21장

번지가 기우제 봉우리 언저리에서 선생을 따라 노닐 적에

"인격을 높이고 잘못을 씻고 멍청하지 않도록 하자면 어떻게 할까요?"

선생 "좋은 질문을 하는구나! 애는 남 먼저 쓰고, 소득은 뒤로 미루는 것이 인격을 높이는 길이 아닐까! 자기의 잘못만을 따지고 남의 잘못은 따지지 않는 것이 잘못을 씻는 방법이 아닐까! 불쑥 분을 못 참고 몸을 그르쳐 걱정을 부모에게까지 끼친다면 멍청한 짓이 아닐까!"

17장 산과 물/지자요수 인자요산

〈옹야〉편 21장

선생 "지혜 있는 이는 물을 즐기고, 사람다운 이는 산을 즐긴다. 지혜 있는 이는 서성거리고, 사람다운 이는 고요하다. 지혜 있는 이는 경쾌하고, 사람다운 이는 장수한다."

18장 공감의 지식/지급지 인불능수지

〈위령공〉편 32장

선생 "지혜는 넉넉하지만 사람 구실로 뒷받침하지 않으면 비록 얻었더라도 반드시 잃고야
만다. 지혜도 넉넉하고 사람 구실로 뒷받혀졌더라도 엄격한 태도로 대하지 않으면 백성들이
존경하지 않는다. 지혜도 넉넉하고 사람 구실로 뒷받혀졌고 엄격한 태도로 대하더라도 질서
있게 백성들의 활동을 도와주지 않으면 잘된 일은 못된다."

19장 호모 엠파티쿠스(3)/기소불욕 물시어인

〈안연〉편 2장

(10장과 동일)

20장 공감의 달인/달야자 질직이호의

〈안연〉편 20장

자장이 선비는 어떻게 되어야 사리에 툭 틔었다고 할 수 있는가를 물은즉,
선생 "어떤 것 말이냐? 네가 사리에 툭 틔었다는 것은!"
자장은 대답하기를 "나라 안에서도 이름을 날리고, 집안에서도 이름을 날려야 합니다."
선생 "그것은 이름을 날리는 것이지 사리에 툭 튄다는 것이 아니다. 대체로 사리에 툭 튄
다는 것은 인품이 곧고 바른 것을 좋아하며, 남의 말과 얼굴빛을 살피면서 항상 남의 밑에
들 것을 생각하는 것이다. 그러기에 나라에서도 사리에 툭 틔고, 집안에서도 사리에 툭 틔게
된다. 대체로 이름을 날린다는 것은 얼굴빛은 사람답게 꾸미면서 행동은 엉뚱하고 그러면서
도 조금도 자기 행동을 의심하지 않는다. 그러면 나라에서도 이름은 날리고 집안에서도 이름
은 날리게 되는 거다."

21장 공감의 고전학/일자서야

(《논어》 인용문 없음)

22장 공감의 시학/인심단적기심여

(《논어》 인용문 없음)

3부 자공, 공감을 말하다

23장 공감의 힘/절차탁마
〈학이〉편 15장

자공 "가난 속에서도 아첨하지 않고 부유하더라도 교만하지 않으면 어떻습니까?"

선생 "좋지. 그러나 가난 속에서 즐거워하며, 부자가 되어 예법을 좋아하는 것만은 못하지."

자공 "옛 시에 '끊거니 다듬거니 쪼거니 갈거니' 하였는데 이를 두고 이른 말인가요?"

선생 "사(賜)야. 인제 너하고 시를 이야기하게 되었구나. 한마디를 일러 준즉 다음 것까지 아는구나."

24장 공감과 혐오/군자역유오호
〈양화〉편 24장

자공 "참된 인간도 미워하는 것이 있습니까?"

선생 "미워하는 일이 있지. 남의 허물을 도리어 칭찬하는 자를 미워하고, 밑바닥에 깔린 사람이 윗사람을 헐어 말하는 자를 미워하고, 용감할 뿐 예법을 모르는 자를 미워하고, 앞뒤를 가리지 않으면서 숨 막히는 짓을 하는 자를 미워한다. 사(賜)야, 너도 미워하는 것이 있느냐?"

"남의 말을 받아서 제 것인 체하는 자를 미워하고, 함부로 하는 것을 용기인 양 여기는 자를 미워하고, 남의 잘못을 들추되 곧은 일을 하는 양하는 자를 미워합니다."

25장 공감대/향인개호지
〈자로〉편 24장

자공이 묻기를 "마을 사람이 다 좋아하면 어떻습니까?"

선생 "그것만으로는 안 되지."

"마을 사람이 다 싫어하면 어떻습니까?"

선생 "그것만으로는 안 되지. 마을 사람 중에서 착한 사람이 좋아하고, 마을 사람 중에서도 못된 자들이 싫어하는 것만 못하지."

26장 부귀와 빈천/부여귀 시인지소욕야
〈이인〉편 5장

선생 "재물이나 지위는 사람마다 탐내는 것이지만 억지로 차지할 것까지는 없다. 가난과 천한 직업은 사람마다 싫어하는 것이지만 절로 굴러 떨어진 것이면 피해서는 안 된다. 사람 구실을 떠나서 인물 말을 들을 수 있나! 참된 인간은 밥 먹는 동안에도 사람다운 것이니, 급할 때도 그렇고 거꾸러질 때도 그래야 한다."

27장 공감의 시초/성여천도 불가득이문야
〈공야장〉편 12장

자공 "선생님께서 옛 글을 강론하시는 것은 언제나 들을 수 있지만, 인성이니 천도니 하는 따위는 좀처럼 들을 수가 없다."

28장 국민적 공감/민불신불립
〈안연〉편 7장

자공이 정치에 대하여 물은즉,
선생 "식량이 넉넉하고, 군비가 충실하고, 백성들이 믿게 되어야 한다."
자공 "할 수 없을 경우에 이 셋 중에서 어느 것을 버릴까요?"
"군비를 버리지."
자공 "할 수 없을 경우라면 이 둘 중에서 어느 것을 버릴까요?"
"식량을 버리지. 옛날부터 사람이란 죽게 되어 있는 것이지만 백성들은 믿음 없이는 지탱 못 한다."

29장 진정한 친구/충고이선도지
〈안연〉편 23장

자공이 벗에 대하여 물은즉,
선생 "진심으로 타일러서 잘 인도하도록 하되 듣지 않거든 그만두어라. 모욕을 당하게 되도록까지 할 것은 없느니라."

30장 불혹과 부동심/인자불우

〈헌문〉편 30장

선생 "참된 인간의 길에 셋이 있는데, 나는 아무것도 못한다. 사람 구실 하는 이는 근심하지 않고, 슬기로운 이는 어리둥절하지 않고 용기있는 이는 두려워하지 않느니라."

자공 "선생님이 자기 말씀을 하시는 거야."

31장 적절한 공감/과유불급

〈선진〉편 15장

자공이 묻기를 "자장과 자하는 누가 더 잘났을까요?"

선생 "자장은 지나치고, 자하는 미지근하다."

"그러면 자장이 더 나은가요?"

"지나친 것도 미지근한 것과 같다."

32장 엔지니어의 욕망/공욕선기사 선리기기

〈위령공〉편 9장

자공이 사람 구실 하는 방법에 대하여 물은즉,

선생 "공장이가 제 구실을 잘하자면 먼저 연장을 잘 단속해야 한다. 그 나라에 있을 때는 그 나라 대부 중에 잘난 이를 섬기고, 그 나라 벼슬아치 중에 사람다운 사람과 사귀어야 한다."

33장 공감과 수치심/행기유치

〈자로〉편 20장

자공이 묻기를 "어떻게 하면 선비라고 할 수 있습니까?"

선생 "제 몸을 가누는 데 염치를 알고, 외국으로 사신 가서 제 책임을 다할 수 있다면 가히 선비에 들 수 있지."

"그다음은 어떤가요?"

"집안 사람들은 효성스럽다 하고, 마을 사람들은 공손하다 하면 되지."

"그다음은 어떤가요?"

"말에 빈틈이 없고, 행동에 끝장을 보고야 마는 것은 딱딱한 것이라 하찮은 인물이지. 허지만 그다음에나 간다고 해두자."

"요즈음 행정가들은 어떻습니까?"

선생 "흥, 조불조불한 사람들을 어찌 다 셀까!"

34장 공감과 《주역》/군자지과

〈자장〉편 21장

자공 "참된 인간의 허물은 일식이나 월식 같다. 잘못을 하게 되면 사람들이 다 볼 수 있고, 고치게 되면 사람들이 다 우러러보게 된다."

35장 침묵하는 우주/천하언재

〈양화〉편 19장

선생 "나는 아무 말도 하고 싶지 않다."

자공 "선생님이 말씀을 안 하시면 우리들은 무엇을 받아서 전하오리까?"

선생 "하늘이 무엇을 말하더냐? 사시는 오고 가고, 만물은 거기서 자라는데 하늘이 무엇을 말하더냐?"

36장 공감의 인문학/하학이상달

〈헌문〉편 37장

선생 "나를 알아주는 사람은 없나 보다!"

자공 "왜 선생님을 몰라준다고 하십니까?"

선생 "하늘을 원망하지 않고 남을 허물하지 않고, 차근차근 배워서 위로위로 올라가니, 나를 아는 자는 저 하늘인가!"

정약용, 《논어》로 공감을 말하다
다산의 공감 연습

1쇄 인쇄 2021년 11월 22일
1쇄 발행 2021년 11월 29일

지은이 엄국화

펴낸이 김영철
펴낸곳 국민출판사
등록 제 6-0515 호
주소 서울특별시 마포구 동교로12길 41-13(서교동)
전화 02)322-2434
팩스 02)322-2083
블로그 blog.naver.com/kmpub6845
이메일 kukminpub@hanmail.net

편집 이원석, 박주신, 변규미
내지 디자인 블루
표지 디자인 최치영
경영지원 한정숙
종이 신승 지류 유통 | **인쇄** 예림 | **코팅** 수도 라미네이팅 | **제본** 예림바인딩

ⓒ 엄국화, 2021
ISBN 978-89-8165-642-3 (03140)

《논어》의 한글 번역문은 현암 이을호 선생의 《한글 논어》를 사용하고,
《논어고금주》의 한글 번역문은 이지형 선생의 《역주 논어고금주》를 사용했습니다.
저작물 사용에 있어 각각 한국학술정보원, 다산학술문화재단의 허락을 받았음을 밝힙니다.